Lust…

vollends Frau zu sein?

Ich widme dieses Buch

allen Frauen auf dieser Welt

Dank eurem Sein, Wirken und Agieren
präsentiert sich die Welt so vielfältig und bunt!

Cover- & Satzgestaltung: Carmen C. Haselwanter

Carmen C. Haselwanter

Lust...
vollends Frau zu sein?

Du hast alles in dir!

Auch in dir steckt eine Vollblutfrau. Lebe sie!

Bibliografische Information der Deutschen Nationalbibliothek
Die Deutsche Nationalbibliothek verzeichnet diese Publikation
in der Deutschen Nationalbibliografie; detaillierte bibliografische Daten sind im
Internet über http://dnb.d-nb.de abrufbar.

Inhaltsverzeichnis

Vorwort

Lieber Leserinnen, liebe Leser

Danke, dass du deinem Interesse nachgehst und mehr zu diesem Thema wissen möchtest. Danke, dass du dich mit diesem Ur-Thema des Frau-Seins auseinandersetzt. Es ist ein Geschenk, ein Wunder. Frauen sind ein faszinierendes Geschöpf mit einer Vielzahl an Fähigkeiten und Talenten, derer wegen es die Menschheit bis in das heutige Jahrhundert geschafft hat. Dies wäre ohne die Frauen nicht möglich gewesen. Frauen sind in vielen Kulturkreisen der Mittelpunkt, ohne welchen das System nicht funktionieren würde. In vielen Kreisen arbeiten Frauen härter als Männer, schlafen weniger und sind ununterbrochen am Hantieren. Als Mütter sind sie im Schlaf ständig wachsam, ihrer Kinder wegen. Frauen sind ein Wunderwerk. Zudem tragen Frauen eine Vielzahl von weiteren vielseitigen Fähigkeiten in sich, die von den zahlreichen Alltagsaufgaben überdeckt sind.

Ich schreibe dieses Buch in der Du-Form. Warum? Dadurch spreche ich direkt deine Seele an. Im Vergleich zu der Sie-Form, welche eher unpersönlich ist, passt die Du-Form viel besser diesem Thema.

Ja, ich habe dieses Buch für Frauen geschrieben, was aber nicht heißen soll, das dieses Buch Männer als Leser ausschließt. Ganz im Gegenteil! Herzlichst lade ich Männer dazu ein, dieses Buch zu lesen. Ihr werdet die Frauen besser verstehen lernen. Mit dem Lesen dieses Buches machen sich ebenso Männer auf die wunderbare Entdeckungsreise des weiblichen Geschlechts auf und werden die wundervollen weiblichen Attribute noch mehr lieben und schätzen lernen.

*Ich weiß nicht, ob du dir dieses Buch gekauft hast, da dich der Titel „**Lust... vollends Frau zu sein?**" sofort angesprochen hat und du nun gespannt und neugierig diese Zeilen liest. Oder hast du dieses Buch geschenkt bekommen? Vielleicht sogar von deinem Partner? Du anfänglich empört darüber warst, als du den Titel gelesen hast. Vielleicht hast du sogar mehr als verwundert deinen Partner gefragt, ob er fände, dass du nicht vollends Frau für ihn bist? Sind seine von dir geborenen Kinder doch eigentlich mehr als Beweis dafür?*

Wie auch immer dieses Buch in deinen Schoss gelangte, ich bitte dich: Sehe es als ein Zeichen! Es hat immer einen Grund, warum bestimmte Informationen an eine Person gelangen. Alles hat seine Bestimmung. Ich lade dich dazu ein, dich auf diese Entdeckungsreise einzulassen. Du wirst wunderbare Dinge erleben, sobald du deine Zweifel loslässt. Wobei es durchaus passieren kann, dass du auch mit diversen Geschriebenen nicht übereinstimmst, ja ich dich meine Worte sogar empöre mögen. Das darf sein. Bedenke dabei, dass alles dein Spiegel ist. Worte die dich berühren, sei dies positiv sowie negativ, lassen dich in dein Inneres blicken. Darin findest du Antworten. Ich gehe später näher auf dieses Phänomen ein. Das mag nicht angenehm sein. Manchmal sogar sehr unangenehm. Allerdings bietet dir diese Möglichkeit, dass du extrem viel für dich mitnehmen kannst. Lass dich auf dieses Experiment ein. Was hast du zu verlieren? Du kannst in Grunde genommen nur gewinnen.

Falls dir dieses Buch nicht zusagt, bitte ich dich, das Buch weiterzureichen. Alles hat seine Resonanz, seine unweigerliche Wirkung. Ganz nach dem Gesetz der Ursache und Wirkung. Wissen weitergeben hat eine nährende Auswirkung, die sich positiv auf dich auswirkt. Aufgrund Weitergeben von Wissen und kontinuierlichem Lernen sind wir heute mit dieser sensationellen Technologie ausgestattet.

*Zu guter Letzt möchte ich dich von ganzem Herzen darum bitten, dass du **aus deinem Leben ein Meisterwerk machst**. **Du bist es dir wert!** In dir steckt alles, was du brauchst. Dir wurden alle Gaben in die die Wiege gelegt. Warte nicht, sondern nimm aktiv dein Zepter in die Hand und lebe das Leben, das du dir wünschst. Dazu wurdest du geboren.*

Mit diesen Gedanken wünsche dir von ganzem Herzen die Kraft, Energie und die Konsequenz, dass du dein Leben ganz nach deinen Wünschen und Träumen lebst. Lebe deine Vollblutfrau gänzlich aus. Bedenke stets, dass du das Erbe von Eva und Kleopatra in dir trägst. Lebe dies mit Stolz und Würde.

Mit diesen Worten wünsche ich dir alles Gute und Liebe!
Deine Carmen C. Haselwanter

Warum ist dieses Buch ein Muss?

Jedes Jahr werden Tausende von Bücher geschrieben. Ein Teil der Bücher behandelt Sachverhalte, die erklären und erläutern. Die anderen Bücher berühren Menschen mit ihren Inhalten. Dieses Buch hat den Zweck beides zu tun. Dir einerseits verschiedene Perspektiven aufzuweisen und andererseits dein Herz zu berühren.

Warum sollst du als Frau dieses Buch lesen?

Du bist eine Frau und fragst dich, warum dieses Buch ein Muss ist? Du als Frau weißt doch, wie Frauen ticken. Wie du selbst tickst. Ist das tatsächlich so? Frage dich tief in deinem Herzen, ob dies wirklich so ist. Hast du dich nicht schon oft selbst mehrmals dabei ertappt, dass du dir die eine oder andere Frage gestellt hast und keine Antwort drauf wusstest. Hast du sogar deine beste Freundin zurate gezogen und bist nach stundenlanger Diskussion nicht weiser nach Hause gegangen?

Ja, du bist eine Frau! Auch ich bin eine Frau und weiß somit nur zu gut, dass wir Frau uns selbst oft ein großes Fragezeichen sind. Willkommen im Club! Lass dich somit hier auf diese Reise ein. Wage den Schritt um mehr über diese Spezies der Frau zu erfahren, die so unglaublich viele Fähigkeiten und Talente in sich bringt. Auch dir möchte ich dazu gratulieren! Zum Einem, dass du dieses Buch liest und die Reise in die phantastische Welt wagst, und dazu, dass du eine Frau bist! Das Wunder der Natur hat dich auserkoren, dass du nicht ein Mann, sondern eine Frau bist. Ein wundervolles Geschöpf, eine *Vollblutfrau*, mit unglaublich vielen Fähigkeiten, die weit über jenen des männlichen Geschöpfes steht. Darauf liebe Gefährtin möchte ich dir wirklich ganz herzlich gratulieren.

Sei stolz darauf, dass du das Erbe Kleopatras in dir trägst, die als unbezwingbare *Vollblutfrau* mit ihrem Charme und Taten gleich mehrere Männer in die Knie zwang und in die Geschichte einging. Als Nachfahrin dieser faszinierten Frau trägst auch du ihr Erbe in dir.

Ein Erbe mit dessen enorme Kraft, Liebe und Energie Berge zu versetzen sind. Auch von dir!

Ist das Buch auch etwas für einen Mann?

Klar doch! Ich habe dieses Buch ebenso für die Männerwelt geschrieben. Denn Frauen sind für viele Männer ein Mythos. Ein unerklärliches in sich verstricktes Geschlecht, das eigentlich *„ja"* meint, obwohl es *„nein"* sagt. Wie soll sich da ein Mann auskennen? Männer lieben Frauen! Zumeist lieben sie vorerst den weiblichen Körper und die in ihren Köpfen zusammengebraute phantasievolle gemeinsamen Aktivitäten, der in allen Farben und Formen im wilden Sex ausarten. Wohl bekannt.

Was wollen Frauen? Tief im Herzen wollen Frauen die Wertschätzung der Männer, deren Respekt und natürlich monogame Liebe. Zudem wollen sie, dass die Männer ihren Geist, Herz und nicht zu Letzt ihre Seele schätzen, lieben, berühren, achten und verstehen.

Also mal ehrlich meine Damen: Verlangen wir da nicht etwas zu viel von der Männerwelt?

Meine Herren: Dieses Buch soll euch unterstützen, dass ihr die Damenwelt besser verstehen lernt. Viel Spaß beim Erkunden!

Was ist das Ziel dieses Buches?

Mit diesem Buch möchte ich Frauen Mut machen. Möchte die Ladies dieser Welt dazu inspirieren, ihre eigene Genialität, Größe, Einzigartigkeit zu erkennen lernen. Möchte aufzeigen, was alles in euch steckt, welche unglaublichen Fähigkeiten in euch brodeln, die nur darauf warten, dass sie endlich freigesetzt werden. Sodass sich diese in Untätigkeit verbannten Fähigkeiten entfalten können.

Glaubt mir, Ladies! In jeder einzelnen von euch steckt ein enormes Potenzial. Sieh nur, was eine jede von euch an einem einzigen Tag alles tut. Das prall gefüllte Alltagspflichtheft das ihr Tag für Tag aufs Neue erledigt. Zum Wohle eurer Familie, eurer Kinder, eurer

Familie! Frage: Was macht ihr für euch selbst? Mit diesem Buch möchte ich euch dazu anspornen, eure eigenen Träume, eure tief begrabenen Wünsche aus der Versenkung hochzuholen. Euch daran erinnern, dass es noch Träume gibt, die ihr vergraben habt.

Schluss mit der Straußen-Strategie!

Wir Menschen neigen gerne dazu Situationen als gegeben hinzunehmen und zu akzeptieren. Egal wie ungewollt dies ist. Bei der sogenannten Straußen-Strategie neigt der Mensch dazu, seinen Kopf (bildlich gesprochen) in den Sand zu stecken und dabei alles über sich ergehen zu lassen. Missstände zu akzeptieren. Statt kritisch zu hinterfragen, Optionen wahrzunehmen und entsprechend gegenzusteuern, wird bei der Straußen-Strategie genau das Gegenteil getan. Und zwar nichts!

Damit ist nun Schluss! Jetzt ist es an der Zeit einen ernsthaften Blick auf deine Essenz zu werfen, um die Dinge beim Namen zu nennen und in Aktion zu treten. Dadurch entwickelst du dich von einem Straußentier zu einem aktiven Panther, der sein Schicksal selbst in die Hand nimmt. Bist du bereit?

Wer steckt hinter den Autoren Namen?

Als gebürtige Österreicherin beschenkten mich meine Eltern mit einem spanischen Vornamen. Mein schwarzes Haar und blauen Augen passten perfekt zu diesem rassigen Namen. Keine 6 Monate später war ich blond und hatte grüne Augen. Es schien fast so, als ob mein äußerlicher Wandel ein zarter Hinweis und Vorbote für meinen Weg des Aus-der-Reihe-tanzen war.

Mit 17 Jahren verließ ich meine Heimat um in London meine ersten Auslandserfahrungen zu machen. Eine spannende Zeit begann in der ich meine Begabung der Kommunikation und Forschungsdrang entdeckte. Zudem empfand ich es faszinierend, mich mit Menschen jeglicher Kultur, Rasse, Alters und Herkunft auseinanderzusetzen. Dabei war das Erlernen der jeweiligen Sprache eine Herausforderung, dass ich mit viel Enthusiasmus annahm. Seitdem ich im Jahr 1987 meine Heimat verließ, lebe ich im Ausland. Bewohnte zig Herrenländer und beschäftigte mich dabei stets mit Menschen. Ich begann die Menschen zu studieren, lauschte wissbegierig ihren Geschichten und lernte bei jedem Wort.

Lernen und lehren ist eine Passion die ich seit vielen Jahren ausübe. Sei dies als Coach, Geschäftsführerin, Unternehmerin, Creative Managerin, Fotografin, Künstlerin und als Schriftstellerin! Allen voran als Frau, die stets den Ruf ihrer Seele folgt!

Warum habe ich dieses Buch geschrieben?

Seit ich denken kann, bin ich von Menschen allen voran von Frauen fasziniert. Dabei bin ich immer wieder auf das Phänomen gestoßen, dass die Frauen zumeist ohne großer Aufmerksamkeit und Beachtung ihrer Umwelt das Unmögliche möglich machen. Dank ihrem Anmut, Willen, Geduld, Kraft und unglaublichen Energie. Ich begann somit sehr früh auf den Reisen meine Erfahrungen und Erkenntnisse schriftlich festzuhalten. Es stand für mich schon damals fest, dass diese Texte in Buchform den Weg zu anderen Menschen finden sollten.

Dieses Buch habe ich für *alle Frauen dieser Welt* geschrieben. Es ist ein Geschenk an das wunderbare Geschöpf, das zumeist viel zu wenig Beachtung, Respekt und Liebe erhält. Zu erkennen und wahrzunehmen, was die Frauen in ihren Alltag alles erledigen, auf die Reihe bringen und dabei sich selbst an letzter Stelle stellen, ist ein bitterer Wehrmutstropfen, der den Frauen nicht gerecht wird.

Dient dieses Buch auch als Geschenk?

Ja! Ganz nach dem Motto: *„Je mehr Menschen dieses Buch lesen, desto mehr positive Veränderung wird es bewirken"*. Die Welt zu einer besseren zu machen, beginnt indem Wissen weitergegeben wird. Das Verschenken von Büchern ist dabei hilfreich. Ich persönliche liebe Bücher und verschenke diese sehr gerne. Ich habe stets eine gute

Qualität und Quantität von Bücher im Vorrat und habe je nach Situation ein Buch griffbereit um dies zu weiterzureichen. Was gibt es Schöneres als Wissen weiterzugeben? Ob dieses Buch nun als ein Geschenk wertvoll ist, hängt von der jeweiligen Person ab. Meiner Meinung nach ist dieses Buch für Teenager wie auch für Pensionisten gleichwohl als ein passendes Geschenk geeignet.

Kein Mensch ist zu jung oder zu alt um zu lernen. Sobald wir als Baby den Mutterleib verlassen, ist das Lernen ein unverzichtbarer Teil unseres Lebens. Obwohl die Gesellschaft dazu neigt, der älteren Generation diese Notwendigkeit als nicht mehr relevant abzuerkennen, ist es gerade für die älteren Menschen umso wichtiger, sich täglich mit dem Lernen auseinanderzusetzen. Denn nur wer täglich lernt, bleibt im Geist und Körper wach und jung.

Somit kann ich dazu raten, dass du dieses Buch weiter verschenkst. Es ist durchaus kein 0815 Buch. Es mag auch passieren, dass die beschenkte Person mit gewissen Buchabschnitten nicht übereinstimmen. Ja und? Lass dies als Schenkender nicht an dich rankommen. Du gibst Wissen weiter. Das ist äußert löblich. Dazu möchte ich dir gratulieren. Menschen die Möglichkeit bieten ihre Perspektive zu ändern, zu erweitern und dadurch ihre Sichtweisen zu vergrößern, ist eine große ehrenvolle Tat. Wissen macht das Leben besser, bunter, breiter und erweitert enorm die Perspektiven.

Wissen ist Macht.

Bedenke dabei, dass nur genutztes und eingesetztes Wissen verändert. Das brachte Goethe mit dem Satz wie folgend auf den Punkt: *„Es ist nicht genug zu wissen – man muss es auch anwenden.“*

Nutze das Gelesene bestens

Täglich lesen wir zahlreiche Texte, Emails und vieles mehr. Dabei wird das Gelesene oberflächlich wahrgenommen. Gerne lade ich dich dazu ein, dass du dieses Buch nicht nur als einen beiläufigen Text anzunehmen. Als Autorin ist es mir wichtig, dass du für dich so viel wie möglich mitnimmst. Es ist deshalb empfehlenswert, dass du dieses Buch als Arbeitsbuch verwendest, in welches du deine Gedanken, Ideen und Eindrücke direkt reinschreibst.

Wie gehst du am besten mit diesem Buch um?
Du hältst ein Sach-, Informations- und Arbeitsbuch in deiner Hand. Deshalb lade dich dazu ein, dass du dies aktiv nutzt. Stelle dich den Fragen sowie Übungen. Es ist dein ganz persönliches Arbeitsbuch mit welchen nur du arbeitest!

Notiere dir deine Gedanken, markiere Textpassagen, füge am Rand deine Notizen hinzu.

Nutze dieses Werk dazu, dass du dich damit neu kennenlernst. Es ist die beste Art und Weise um all die Essenz herauszuholen, indem du dich der Fragenstellungen kritisch stellst, die Übungen aktiv durchführst und du deine Antworten direkt in das Buch schreibst. In dieser Form holst du dir die besten Inputs und Nutzen heraus.

Achte darauf, dass du das Buch nicht in einem durchliest. Da es sich um ein Arbeitsbuch handelt, solltest du dir die Zeit nehmen, um es zeitgerecht durchzuarbeiten. Dies bedarf Zeit. Nimm dir die Zeit!

Highlighter in Aktion
Dazu eignet es sich hervorragend beim Durcharbeiten einer jeder Textpassage einen Bleistift, Radiergummi und Leuchtmarker parat zu haben und aktiv zu nutzen. Dadurch kannst du für dich wichtige Texte durch die Verwendung von Leuchtmarker hervorheben. Der

Bleistift dient wunderbar dazu, um am Rand Notizen und Gedanken von dir festzuhalten sowie gleichzeitig die Fragenpassagen mit deinen Antworten zu füllen.

Durch das Hinzufügen von deinen eigenen Gedanken und Notizen, personalisierst du dieses Buch und machst es zu deinem Werk. **Ich habe das Buch für dich geschrieben, ja genau für dich.** Verwende es deshalb so, dass du das Meiste für dich herausholen kannst.

Suche die wichtigste Aussage raus
Zudem ist es hilfreich, wenn du dir grad von Anfang an aus den zwei vor dir liegenden Seiten stets deine für dich wichtigste Aussage raussuchst. Indem du dir diese am oberen rechten Rand hinschreibst, machst du diese Erkenntnisse für dich auf einem Blick sichtbar.

Jeder Mensch fühlt sich durch etwas anderes angesprochen und angezogen. Du wirst sehen, dass sich die Wichtigkeit der Aussagen im Laufe der Zeit auch verändern wird. Das ist durchaus normal und widerspiegelt den Lauf der Zeit. Was gestern für dich noch wichtig war, hat heute viel an Wichtigkeit verloren. Entscheidend ist allerdings, dass dich das damals Bedeutungsvolle in deiner Entwicklung zu deinem heutigen Sein unterstützte. Insofern hat alles das einem zu einem bestimmten Zeitpunkt anspricht seine Wichtigkeit. Insofern schenke diesen Zeichen auch deine Aufmerksamkeit und Bedeutung.

Am Ende eines Kapitels
Hier empfehle ich dir deine für dich 5 wichtigsten Informationen, Leitsätze und Erkenntnisse zusammenzutragen und am Ende jedes Kapitels schriftlich festzuhalten. Dies hilft dir um die Quintessenz herauszukristallisieren.

Sobald du am Ende des Buches angelangt bist, machst du dich dran und schreibst all deine für dich wichtigen Leitsätze, Erkenntnisse, Merksätze und Informationen heraus und notierst dir diese individuell auf A5 Kärtchen.

Diese Kärtchen platzierst du nun auf Plätzen wo du dich immer wieder aufhältst, wie zum Beispiel auf dem Badezimmerspiegel, auf den Kühlschrank oder auch in dein Auto. Liese dir diese mehrmals am Tag durch und mache dir deine Gedanken dazu.

Zudem ist es sehr hilfreich, wenn du jeden Tag eine Karte mit dir mitführst und dir expliziert mit diesem Leitsatz auseinandersetzt.

Gehe diszipliniert vor!

Ja! Dies bedeutet einiges an Eigeninitiative und Arbeit. Jeder Sportler wird dir bestätigen, dass ohne dem täglichen disziplinierten Training der Muskelaufbau keinen Fortschritt zeigt. **Ohne Fleiß kein Preis!**

Somit sei offen dafür. Nimm dir die Zeit in dich zu investieren. Alle Arbeiten die du in dich investierst, kommen dir und deiner Entwicklung zugute. Das ist die beste Investition, die du machen kannst.

Lernen ist ein Geschenk

Du bist eine Summe dessen, was du in deinem Leben lernst. Egal wie alt du bist, der Mensch ist mit seinen Fähigkeiten und Talenten so kreiert, dass er ab dem Beginn seiner Existenz immer und überall mit dem Lernen auseinandersetzt.

Was für eine wundervolle Gabe wir da in unsere Gene bekommen haben. Etwas Neues zu lernen bedeutet, neue Wege zu gehen, unbekannte Welten eröffnen sich und neue Leidenschaften werden geweckt. **Lernen ist die Essenz des Lebens.**

Viel Spaß dabei!

Die 5 wichtigsten Leitsätze, Erkenntnisse aus diesem Kapitel sind:

Ewig zerstörende Mythen & Fakten

So lasst uns das Thema Frauen genauer unter die Lupe nehmen. Dabei kann ich nicht umhin, Mythen und Fakten aufzurollen, die uns Frauen gänzlich gegen den Strich gehen, allerdings von der Gesellschaft nach wie vor als stimmig und gegeben gelten.

Frauen - das schwache Geschlecht...
Wie oft habe ich in der Vergangenheit und auch heute noch diese Behauptung gehört. Wohl bemerkt primär von Männern ausgesprochen, hält sich diese Meinung vehement in der Gesellschaft fest. Dabei gilt es auf wesentliche Fakten hinzuweisen. Ja es ist korrekt: Wir Frauen sind schon allein wegen unserer körperlichen Konstitution um einiges schwächer als der Mann. Zum Glück! Oder würden es die Männer bevorzugen, dass sie von der Frau über die Schwelle getragen werden? Wohl eher nicht!

Eigentlich lieben wir Frauen diesen markanten Unterschied. Wir wissen, dass wir den Männern körperlich unterlegen sind. Von der Natur her es so vorgegeben, dass der Mann der Jäger ist, während die Frauen sich um das Feuer kümmern. Die Neandertaler zeigten dies bestens vor und die Menschheit konnte nur durch dieses klare vorgegebene Regeln das Überleben seiner Rasse sichern.

Wir Frauen sind uns unserer Feinheit und Unterschiedes bewusst und wollen dies grundsätzlich auch gar nicht ändern. Und doch…
… neigen wir dazu, dieses über Jahrtausende so eingerichtete, klare Naturgesetz mit Biegen und Brechen durchbrechen zu wollen!?

Oh ja, das tun wir Frauen… Was sind schon einige Tausend Jahre klar geregelte Naturgesetze? In den letzten 60 bis 70 Jahren sind Frauen in der westlichen Zivilisation äußerst erfolgreich darum bemüht, den Status des schwachen Geschlechtes von der Haut zu waschen.

Warum? Weil Frauen diese Meinung als nicht annehmbare Aussage von sich stoßen, da sie sie als nicht korrekt angesehen wird. Dabei zeigen Frauen eine einzigartige Willensstärke und setzen diese auch gekonnt ein, um diesen Irrtum klarzustellen! Wofür? Während sich einerseits Frauen nach Geborgenheit, Sicherheit und einer starken Schulter sehnen - und dies bei einem starken Partner suchen -, stoßen sie diesen gleichzeitig von sich.

Was für ein Karussell! Dies wiederspiegelt mehr als deutlich das Unverständnis, mit welchen die Frauen von heute konfrontiert sind. Da ist es mehr als verständlich, dass die Männerwelt diesem Gefühls- und Gedankenchaos nicht mehr recht folgen kann.

Superwoman/SuperFrau

Wer von uns Frauen möchte nicht Superwoman sein? Möchte das Fliegen für sich nutzen können? Möchte diese unbändige Kraft für sich wissen, mit welchen tonnenschweren Autos von A nach B befördert werden, ohne dass ihr Teint einen Schaden nimmt und mit ihrem strahlenden Lächeln alle Zuschauer für sich gewinnt?

Diese feminine Fiktionsfigur fand im Gegensatz zu Superman sehr viel später den Weg auf die Kinoleinwand. Während Superman schon seit 1947 die Erde rettete und nur nebenbei von Superwoman träumte, wurde Superwoman erst viel später die Ehre zuteil einen eigenen Kinofilm zu bekommen. Dies im Gegensatz zu der Realität, wo Frauen weltweit täglich aufs Neue zu Heldinnen werden, sprich ihren Status als Superwoman immer wieder unter Beweis stellen. Dies zeigt sich zum Beispiel deutlich in den Dokumentationsfilmen des zweiten Weltkrieges wieder, wo Frauen sich mit ihren Händen durch den Schutt gruben und die europäischen Städte mit Schweiß wiederaufbauten. Nicht zu vergessen, dass auch der zierlichste Frauenkörper es wie aus Zauberhand immer wieder schafft, dass ein neuer Mensch in ihnen heranwächst und gedeiht. Den qualvollen Schmerz als Opfer pressen die erschöpften Leiber sodann nach Monaten der Schwangerschaft einen perfekten kleinen Körper aus

22

ihren und betrachten voller Bewunderung ihr Werk das wundersamerweise in ihrem Leibe entstanden ist. Somit Ladies… Seid euch folgender Tatsache stets bewusst: **Eine jede von euch ist wahrhaftig Superwoman!**

Welche Rollen erfüllt eine Frau?

Das gesamte Gesellschafts- und Lebensmodell der westlichen und der Dritten Welt würde nicht funktionieren, wenn die Frauen nicht die zahlreichen Rollen ausüben würden. Dabei spannen sich die unterschiedlichen Rollenfunktionen von Tochter, Schwester, Gattin, Köchin, Mutter, Verdienerin, Sekretärin bis hin zu Geliebten, Freundin und vieles mehr. Hast du dir schon einmal überlegt, wie viele Rollen eigentlich du abdeckst?

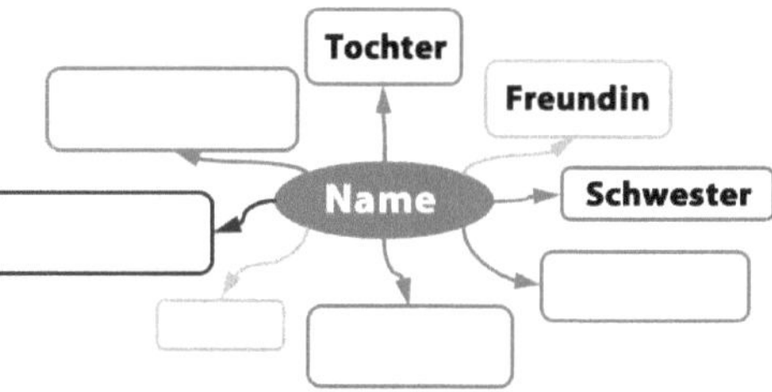

Mach dir dazu ernsthafte Gedanken: In welchen Funktionen bewegst du dich? Verwende dazu das Mindmap System, indem du ein leeres A4 Blatt nimmst und in die Mitte deinen Namen schreibst. Anschließend schreibst du rund um deinen Namen all jene Funktionen auf, die dir in den Sinn kommen. Liste im Anschluss diese in die unteren Zeilen auf.

____

____

In wie vielen Rollen hast du dich erkannt? Falls es weniger als fünf sind, bitte ich dich diese Übung erneut zu machen. Glaube mir, du füllst weitaus mehr als fünf Rollen aus! Wie fühlst du dich nun, nachdem du erkannt hast, dass du durchaus mehr als _„nur"_ eine Frau, Mutter und Gattin bist?

____

____

Wichtig für dich und deine Entwicklung bei diesem Prozess ist die Tatsache, dass du aus deiner Betrachtung eine Schlussfolgerung ziehst. Nun lade ich dich herzlich dazu ein, dass du für dich ein Fazit aus dieser Übung ziehst. Welche Schlussfolgerung ziehst du aus deinen Überlegungen?

Die Rolle der Frauen im Heute

Du hattest Schwierigkeiten damit deine Rollen zu finden? Dies ist nichts Ungewöhnliches. Vielen Frauen sind sich ihrer Multi-Task-Einsatzes gar nicht bewusst. So wuchs ihr Aufgabengebiet stetig und nahm somit schier unbewusst an Quantität zu, ohne dass sich die Frau dessen überhaupt bewusstwurde.

Lasst uns kurz mal sehen, um welche Hauptrollen es sich da in Grunde genommen handelt. Von dem Aspekt der Familie ist die Frau zuallererst selbst eine Tochter und somit als Kind der Spiegel ihrer Eltern. Nicht selten sieht der Vater im Familienmodell seine Tochter als Prinzessin, überschüttet sie mit viel Liebe und gibt ihr zugleich das Gefühl etwas ganz Besonderes und Einzigartiges zu sein. Das ist sehr wichtig und tut der Seele sehr wohl. Entscheidend ist allerdings auch, ob der Tochter ebenso in dieser Phase des Erwachsenwerdens Grenzen und erst recht Ziele aufgezeigt werden, die das Kind einzuhalten und gleichzeitig anzustreben gilt. Dadurch lernt es Herausforderungen anzunehmen und konsequent jene anzustreben.

Nebst den Rollen der Schwester, Nichte, Enkelin und Tante, ist die Lebenspartnerin und auch die Rolle der Ehefrau die nächst wichtige Hauptrolle. In dieser Rolle nimmt die Frau eine entscheidende Funktion ein, die extremen Einfluss auf die Umwelt hat. Sei dies direkt innert der eigenen Familie, so auch in der Nachbarschaft, Freundeskreis und im Bekanntenkreis. Die Einstellung der Ehefrau, Gattin und Partnerin reflektiert auf den Mann und spiegelt sich unweigerlich in den beiden Lebensverhältnissen wieder.

Dabei ist die Frau in dieser Hauptrolle weitaus mehr als „*nur*" Ehefrau. Eine wichtige Funktion spielt dabei die Managerin des Familienunternehmens (sprich Heim), der in der Gesellschaft einen viel zu Geringeren bis effektiv gar keinen Wert und Wertschätzung gezollt wird.

Was für eine Farce und Witz zugleich. Wenn wir das Familien-Unternehmen mit einem Geschäftsunternehmen vergleichen, zeigt sich recht schnell, was für wahre Wunder die Frau zu Hause bewirkt. Als Facility Managerin sorgt die Frau für die kontinuierliche Hausreinigung, als Food & Beverage Managerin stellt sie einen vollen Kühlschrank und frisches herrlich schmeckendes Abendessen sicher und übt sich zugleich als Mediatorin für den Hausfrieden mit den zuweilen schwierigen Nachbarn. Als Treuhänderin sorgt sie zudem für die termingerechte Fertigstellung der Steuern, in welche kein separater Posten für etwaige Bezahlungen dieser extra Dienste des Familienunternehmens aufscheinen. Warum auch? Frau arbeitet ja auch unentgeltlich. Alles zum Wohle der Familie!

Richtig spannend wird es für Frau, wenn zudem die Rolle der Mutter hinzukommt, die den Elternteilen ab sofort als Lebensrolle zugeschnitten ist. Für viele Frauen erfüllt sich mit dem Baby ein Herzenswunsch, der jegliche Müh und Schmerz dahinfegen lässt, sobald einen das eigene Fleisch anlächelt. Dass der Arbeitsaufwand mit diesem Wunder nicht weniger wird, wissen Frauen nur zu gut.

Mit Kind und Kegel kommen sodann die Funktionen der Babysitterin, Erzieherin, Krankenschwester, Motivatorin, Lehrerin und Visionärin hinzu, die versucht seinem Kind/Kinder frühzeitig den Weg in die Universität zu ebnen.

Hinzu kommt die Hauptrolle der Geliebten. Während unweigerlich der 24 stündige Dauereinsatz als Mutter früher oder später seine Attribute fordert, wandert diese einst so geliebte und auch mit Inbrunst ausgelebte Rolle der Geliebten immer mehr ins Hinterfeld. Obwohl genau jener Mann als der wahre und einzige Seelenpartner und Vater der Kinder auserkoren wurde, findet sich die Frau nicht selten nach Jahren des gehetzten aber umso bestens organisierten Familienmanagements als Single und als alleinstehende Mutter wieder. Die Gründe dafür sind vielschichtig.

Das Ergebnis ist und bliebt dasselbe: Diese Rolle als alleinstehende Mutter war nicht eingeplant!

In diesem Konzept der Funktionen habe ich bisher die berufliche Arbeitswelt noch nicht aufgeführt. Allerdings gilt es diese - so finde ich - für Frau unverzichtbare Rolle zu berücksichtigen. Gerade wenn der Fall der *„Entlassung"* aus dem unentgeltlichen Führen des Familienunternehmens eintritt, indem der Partner seiner Wege zieht, ist es für die Frau entscheidend, ob und wie sich Frau bis dahin beruflich positionieren und etablieren konnte. Ein Arbeitszeugnis aus der Familienunternehmerin, wo sie jahrelange als Managerin gearbeitet hat, hat bisher in unserer Gesellschaft und erst recht nicht in der Arbeitswelt keinen Stellenwert. Stattdessen wird von der Wirtschaft die Lücken auf einem Lebenslauf nicht dem ehrbaren Familienmanagement gezollt, sondern diese Lücke gerügt, da sich Frau während dieser Jahre nicht in der beruflichen Ausübung befand.

Und doch… Langsam aber sicher sind positive Veränderungen am Horizont erkennbar. Mir ist es wichtig, dass du als Frau erkennst, wie vielseitig du unterwegs bist. Wie tüchtig, energiegeladen und wie unverzichtbar du und die Frauen für die Familien, die Umwelt und die Welt sind.

Wie sähe die Welt ohne Frauen aus?
Wenn diese Frage in die Runde geworfen wird, winken
die Frauen selbst zumeist mehr recht als schlecht diese
von sich, als ob sie sich dieser Aufmerksamkeit wegen schämen.
Derweilen ist diese Frage tatsächlich eine Wichtige und ich lade dich
dazu ein deine spontanen Gedanken dazu niederzuschreiben:
Wie sehe die Welt ohne uns Frauen aus?

Ist es nicht unglaublich, wie sehr sich unser Fokus verändert, unser Blick sich schärft, wenn wir den Weitblick auf das Wesentliche lenken? Dabei solltest du von jeglicher falschen Bescheidenheit Abstand nehmen, sondern die Beantwortung aus der Perspektive des Dritten wählen. Dies sorgt für neutrale Betrachtung und – ganz wichtig – für eine neue und vertiefte Sichtweise.

Nun lade ich dich dazu ein, dass du für dich ein Fazit aus dieser Übung ziehst. Sprich, was nimmt du aus dieser Überlegung mit? Was hast du daraus gelernt?

FAZIT

Unterschied zwischen Mann & Frau

„Wir können nicht mit ihnen, aber auch nicht ohne sie sein", hören wir uns selbst als Ausruf der Verzweiflung über die Männer sagen. Allerdings ist es tatsächlich so, dass wir Frauen die Männer so lieben wie sie uns lieben. Es ist eines der Lebensgesetze, dass Menschen einander brauchen, da unter anderem ein miteinander viel einfacher von der Hand geht, als wenn der Mann oder die Frau alleine an dem Strang zieht. Unter anderem wird in dem Buch *„Mars liebt Venus, Venus liebt Mars"* die Unterschiede von Mann und Frau eingehend behandelt. Falls du das Buch noch nicht gelesen hast, kann ich dir diese Lektüre sehr ans Herz legen.

Im Vorfeld haben wir uns die Frau und ihre Rollen näher angesehen. Gerne möchte ich dich dazu motivieren, dass du dir Gedanken zum männlichen Geschlecht machst.

ÜBUNG

Was sind aus deiner Sicht die Unterschiede? In welchen Bereichen sind die Männer eine Unterstützung für die Frauen?

Was gefällt dir an den Männern? Welche Eigenschaften schätzt du an ihnen? Welche Vorzüge siehst du an ihnen? Schreib spontan auf was dir einfällt, wertfrei und ohne lange zu überlegen.

____

____

Wähle aus deinen zusammengetragenen und festgehaltenen Punkten deine 3 Hauptpunkte, die du an den Männern schätzt:

1.

____

2.

____

3

____

Was ist deine Schlussfolgerung daraus?

FAZIT

____

Was ist eine *Vollblutfrau*?

Wenn das Wort *Vollblutfrau* fällt, laufen in vielen Köpfen automatisch die Assoziationen von temperamentvollen, bekannten Frauengesichter wie ein Film ab. So erscheinen dabei *Monica Bellucci, Gina Lollobrigida, Sophie Loren* oder *Marilyn Monroe* in der Verkörperung von einer richtigen *Vollblutfrau* wieder. Alle genannten Frauen haben eines gleich: Sie sind rassig, temperamentvoll, wunderschön und haben eine einzigartige Ausstrahlung, und… zudem einen Hauch von Verrufenheit!

Muss die Frau von heute jene Maßstäbe erfüllen, um als *Vollblutfrau* durchzugehen? Gilt es als Kompliment oder als Beleidigung, wenn ein Mann eine Frau als *Vollblutfrau* bezeichnet? Was wird als *Vollblutfrau* verstanden?

Während meiner Recherche bin ich oft auf diese Frage gestoßen. Gerade von Männern gestellt, zeigte sich durchaus eine Verunsicherung des Verständnisses wegen. Dabei zeigt sich die Tendenz, dass die Männer das Wort *Vollblutfrau* mit einer Frau assoziiert, die in der Küche ein Engel und im Bett ein Teufel ist. Dies bewegte mich dazu, Frauen sowie Männer zu befragen und die Ergebnisse meiner Internetrecherchen in meiner persönlichen Interpretation einfließen zu lassen. Zusammenfassend bin ich zu folgendem Schluss gekommen:

> *Eine Vollblutfrau ist eine Frau, die mit Leib und Seele das Frau-Sein lebt und sich als Frau mit all den Attributen fühlt. Sie ist stolz darauf und präsentiert dies in Würde, Wertschätzung und Dankbarkeit. Sie steht gänzlich zu ihrem Körper unabhängig davon wie ausgeprägt ihre Kurven sind. Sie trägt eine anziehende (Lebens-) Freude in sich, die sie wie ein unerschöpfliches Energiefeld in ihren Bewegungen wiederspiegelt. Sie kleidet sich authentisch, hat ihren eigenen Stil und lässt auf eine anmutige und elegante Art ihre Reize spielen, wobei diese nicht aufdringlich sind. Sie weiß ganz genau was sie will und geht mit Bestimmtheit und Behutsamkeit zugleich an die Sache ran.*

Eine Vollblutfrau ist sich der unwiderstehlichen Wirkung ihrer eingesetzten Reize bewusst und setzt diese ein, wann immer sie will; allerdings nicht auf verrufene Art und Weise. Sie springt – zum Ärger von vielen - nicht gleich mit jedem ins Bett, trotz hartnäckiger und konsequenter Versuche. Ganz im Gegenteil. Die Vollblutfrau ist wählerisch, sehr wählerisch! Und geduldig zugleich. Sie will erobert werden und ist zudem äußerst romantisch. Da sie ganz genau weiß, was für eine außergewöhnliche und begehrte Frau sie ist, setzt sie Wertschätzung, Respekt und Aufmerksamkeit gänzlich voraus.

Zurecht, denn eine Vollblutfrau ist leidenschaftlich, genüsslich und sehr aktiv und beschenkt zugleich ihren Auserkorenen mit derselben Wertschätzung und vollkommen Aufmerksamkeit. Zudem steht sie mit beiden Beinen voll im Leben, ist sehr selbstbewusst, kontaktfreudig, beruflich erfolgreich und kann sich in der Männerwelt äußert gut durchsetzen. Sie ist bei Frauen und Männer beliebt und weiß ganz genau, was sie will!

Eine Vollblutfrau wird nicht aufgrund ihres Aussehens zu dieser Type, sondern ihre Einstellung zum Frau-Sein ist ausschlaggebend. Dies zieht Mann und auch Frau gleichzeitig an. Femme fatale pur!

Fühlst du dich von ihr angezogen oder abgestoßen? Oder weckt die Beschreibung in dir den Wunsch diese selbstbewusste Frau sein zu wollen, die unerschütterlich und zielstrebig ihren Weg geht.

____

____

Erkennst du Parallelen zu dir? Wie viel *Vollblutfrau* glaubst du in dir zu tragen? Wie viel *Vollblutfrau* lebst du bereits?

____

Hier habe ich nun eine gute Nachricht für dich: **Du trägst diese Frau in dir!** Ja genau! Du bist bereits diese Frau. Jede Zelle deines Körpers ist durch und durch Frau. Du bist gänzlich Frau, hast all diese Attribute in dir. Diese liegen vor dir, sind in dir und warten darauf, dass du sie gänzlich lebst. Sowie du tragen alle Frauen dieser Welt diese wunderbaren Eigenschaften in sich.

Fragst du dich, warum du dich dann nicht als *Vollblutfrau* fühlst, ja dich eher als das ganze Gegenteil wahrnimmst und siehst? Innert den folgenden Kapiteln wirst du dazu mehr erkennen und verstehen.

Falls du dich mit dieser Form der Definition nicht identifizieren kannst oder willst, so kann ich dies verstehen. Allerdings lässt sich nicht diese Tatsache von der Hand weisen, dass dir als Frau diese Gene in die Wiege gelegt wurde. Du kannst dies weiterhin von dir weisen. Bedenke dabei, dass du mit der Ignoranz dein *Frau-Sein* nicht auslebst. Trotzdem bleibt es Teil von dir.

Selbstverständlich liegt es ganz an dir, welche deiner von dem

Universum mitgegebenen Wundern du effektiv aus deinem Rucksack verwenden möchtest. Je mehr Unterstützung du annimmst desto besser und leichter ist es. Natürlich gilt es hinzuzufügen, dass die Fähigkeiten verkümmern, wenn diese nicht genutzt werden. Wie ein Muskel. Wenn dieser nicht trainiert wird, wird dieser stetig kleiner, schwächer und unbelastet. Jedoch verschwindet dieser nicht. Er bleibt in seiner kleinen, schwachen Form bestehen, wachsam und bereit. Das heißt für dich, dass du jederzeit auf diese Fähigkeit zugreifen und abrufen kannst. Am Anfang wird es etwas holprig laufen, aber mit Achtsamkeit und dem entsprechenden Training wird deine Weiblichkeit aus der Versenkung geholt und dich in deinem *Frau-Sein* enorm stärken.

FAZIT

Was ist deine Schlussfolgerung daraus?

____

Weiblichkeit – ein Tabu?

Die Weiblichkeit ist in vielen Kulturen ein unverzichtbares Markenzeichen, wie zum Beispiel in Japan, wo Geisha Frauen als der Inbegriff für Weiblichkeit steht. Damals wie heute. In unserer westlichen Welt ist die Weiblichkeit viel thematisiert und diskutiert. Das belegen die zahlreichen Bücher die sich ausgiebig mit diesem interessanten Thema beschäftigen.

Was genau bedeutet eigentlich Weiblichkeit? Für viele Menschen ist Weiblichkeit in Form von einem äußeren Erscheinungsbild erkennbar. Stöckelschuhe, Schmollmund der mit roten Lippenstift erst recht in den Vordergrund gestellt wird und ebenso die wilde Mähne wird von Männern als weiblichen Ausdruck interpretiert.

Befragte Frauen stellen einen höheren Anspruch an ihr eigenes Geschlecht, wobei auch durchaus Unterschiede sichtbar sind. Während die eine Gruppe dies in der äußerlichen Verpackung, sprich in den weiblichen Kurven und der Art und Weise der Bekleidung begründet, sieht die andere Gruppe dies eher tiefersinniger. Dabei wird dies mit der Empfindung und Ausleben von den unterschiedlichsten Gefühlen verstanden, die die Frau in ihrer Weiblichkeit als Ergebnis des Ganzen nach außen trägt. Ein interessanter Aspekt den ich gerne näher erläutern möchte.

Um welche Gefühle handelt es sich? Ganz klar stellt sich das Vertrauen als eines dieser starken Empfindungen vor. Dies wird von dem Wissen, Vertrauen, dass alles in Ordnung kommt, geleitet. Ich deute dies als das **Urvertrauen** in uns. Aus diesem Wissen, Urvertrauen das alles gut wird und ist, bauen sich die Fürsorge und das Mütterliche in der Frau auf. Eine Frau muss nicht zwingend Mutter sein, um ihre Mütterlichkeit auszuleben.

Die nährende Liebe, die Frauen aufgrund unseres Urvertrauens in uns tragen, ist ein Gut, dass uns mit einer liebevollen Aura umgibt. Diese Form der Liebe wird von Menschen und Tieren wahrgenommen und ist anziehend. Frauen tragen eine Weisheit in uns, die wir als Erbe unserer weiblichen Vorfahren mitbekamen. Ich erkenne dies als eine wertvolle Gabe und Geschenk, das uns Frauen mit unserer Weiblichkeit als Fähigkeit in den Schoss gelegt wurde. Das Wissen um diese Kraft ist wertvoll. Die Intuition als Kanal spricht unser Körper mit uns und gibt uns Hinweise, die zusammen mit dem Urvertrauen ganz klare Wegweiser sind. Diese Fähigkeit der Intuition tragen ebenso Männer ins sich. Allerdings sind Frauen aufgrund ihres Urvertrauens und Weisheit besser geschult im Umgang mit dieser. Dabei ist es jedoch so, dass Frauen der westlichen Welt diese Fähigkeit eher verdorren ließen und wir diese Gabe nur bedingt nutzen. Zum Glück ist diese jederzeit abrufbar.

Unsere Weiblichkeit findet ihren Nährboden in der Natur, wo diese zu Hause ist und Energie auftankt. Deshalb ist es wichtig, dass wir Frauen uns mit der Natur, der Mutter Erde verbinden. Dies ist ein in uns tief begrabenes Bedürfnis das uns nährt. Ein weiterer Ausdruck der Weiblichkeit ist die Lust sich individuell ausdrücken. Unsere Emotionen in Form von Tanzen, Bewegung, kreativen Handeln wie

Malen oder Singen Ausdruck zu verleihen, ist essentiell wichtig für uns. Mit dazu gehört der körperliche Akt von Sex. Jede dieser Handlungen ist ein Ausdruck der Weiblichkeit, die je nach Zugang schwächer oder stärker ausgelebt wird.

Wie stehst du zu deiner Weiblichkeit?

Jede Frau steht ihrer Weiblichkeit individuell gegenüber. Während die Einen sich mit ihrer Weiblichkeit auseinandersetzen und diese ausleben, ignorieren die Anderen diese gänzlich.

Willst du wissen wie du dazu stehst? Hinterfrage dich selbst: Notiere in welcher Form du deine Weiblichkeit ausdrückst. Denke in Ruhe darüber nach. Wenn es anfangs nicht so fließt, sei nicht zu streng mit dir. Je öfters du dich hinterfragst, desto mehr fließt es.

____

____

Überleg dir in welcher Form du dir eine Vertiefung des *Frau-Sein* vorstellen kannst. Wie kannst du dies ausdrücken? Ausleben?

____

____

Welche Schritte, Taten und Veränderungen wirst du einleiten, um deine Weiblichkeit fortan intensiver zu spüren und zu erleben?

1. ____

2. ____

3. ____

FAZIT Was hast du bezüglich deiner Weiblichkeit erkannt?

____

Die 5 wichtigsten Erkenntnisse & Leitsätze aus diesem Kapitel sind:

Hast du Lust…?

Die Lust ist ein viel diskutiertes Thema. Zumeist wird dabei von der sexuellen Lust gesprochen. Das Internet ist überhäuft mit Debatten über das Für und Wider zum Thema Lust zumeist in Kombination mit der Lust auf Sex. In nehme hier Bezug auf die Lust im Allgemeinen und hinterfrage dabei die Wichtigkeit und den Stellenwert der Lust im Ganzen.

Epikur und seine Lehre der Lust

Bei diesem Thema kann ich nicht umhin dir Epikur vorzustellen, einen Philosophen aus der Antike, der für seine Lehre der Lust in die Geschichte einging. Schon damals zeigte sich diese Thematik als äußert heikel und so wurde Epikur als Lustmolch abgestempelt, da seine Lehren Bezug fanden auf die Lust auf Sex. Zu Unrecht, denn Epikur bezog mit seine Lehren auf die Natur und dessen Gesetzgebung, was im weiteren Sinne zur Ethik führte.

Dabei zeigte Epikur auf, das alles auf zwei Prinzipien hinsteuert. Auf die Lust, die einerseits angestrebt und das Erreichen als Ziel hat und sich andererseits auf den Schmerz bezieht, der vermieden werden soll. Mit Schmerz meint Epikur weder Sadomaso Techniken noch die Schmerzen die durch extreme sexuellen Aktivitäten herbeiführt werden. Stattdessen bezog sich der Philosoph auf ganz natürliche Empfindungen wie etwa das extreme Hungergefühl, Durstgefühl Angstgefühl oder auf körperliche Schmerzensempfindung.

Epikur geht in die Tiefe zu behaupten, dass angemessener und erträglicher Schmerz zwangsweise zu einem höheren Lustgefühl führt. Dabei nimmt der Mensch bei klaren Anpeilen eines Zieles diesen Schmerz in Kauf. Davon kann ein jeder Marathonläufer ein Lied singen. Eine Primaballerina vergisst ihre von Blasen verursachten Fußschmerzen, sobald sie an der Aufführung eine perfekte Pirouette dreht. Die Frau vergisst die qualvollen Stunden der Geburt, sobald sie endlich ihr Baby in den Armen hält.

Das Glücksgefühl dominiert schlichtweg.

Sobald der Mensch sein Ziel erreicht hat, sind alle Schmerzen vergessen und einzig das triumphierende Gefühl von Freude, Glück dominiert. Alle Schmerzen sind passe. Das Einzige das zählt, ist das Glücks- und das Hochgefühl. Genaugenommen ist der kleine Same von *„Lust auf mehr…"* durch diese Glücksempfindung bereits wieder in seinen Anfängen. Neue Ziele und Visionen sind im Entstehen. Allen Schmerzen und Opfer zum Trotz.

Aber nicht nur in der Antike, sondern auch in der Neuzeit widmen sich zahlreiche Schriftsteller, Wissenschaftler und Künstler ihre Zeit und Studien dem Thema *Lust*. Unter anderem entstand eine Vielzahl an Sprüchen und gängigen Redewendungen, die bis in unsere Neuzeit an Verwendung finden.

„Lust verkürzt den Weg" (William Shakespeare), *„Phantasie ist der größte Lustgewinn"* (Damaris Wieser), *„Lust ein Tropfen der den Durst nicht stillt"* (Dr. Carl Peter Fröhlich) und *„Lieber ein Seufzer der Lust, als ein Seufzer aus Frust."* (Helga Schäferling).

Eines zeigen alle Sprüche gleichwohl:
Lust ist etwas Einzigartiges und Besonderes.

Lust ist nicht gleich Lust
Die Lust in seiner Bedeutung hat ein weitaus größeres Repertoire als die Sparte Sexualität zu bieten. Dabei findet in der deutschen Sprache die Redewendung *„Hast du Lust darauf…?"* eine große Bedeutung und Verwendung. Dabei wird das Abfragen von Alltagssituation außerhalb der sexuellen Aktivität hinterfragt. Wie zum Beispiel: Hast du Lust auf einen Spaziergang oder auf einen Ausflug?

Umso spannender, dass mit dem Wort Lust – alleine – zumeist in den Köpfen der Menschen die Sexualität seinen Anker findet. Dagegen spricht an sich gar nichts. Ich gehe zu diesem Thema unter Kapitel *„Hast du sexuelle Erfüllung?"* näher zur Lust auf Sex ein. Hier möchte ich gerne die unterschiedlichen Lustformen ansprechen.

Denn Lust ist nicht gleich Lust.

Mit der Äußerung *„Ich kann eine große Lust auf eine Wanderung durch den Wald verspüren…"*, definiere ich dabei meine innere Sehnsucht, meinen Körper im Wald zu wissen. Ich drücke ein Verlangen aus, dem ein Manko einhergeht. In diesem Fall sehne ich mich nach Ruhe und neuer Energie, die ich aus Erfahrung im Wald ziehen kann. Mit *Lust* drücke ich somit aus, dass ich irgendwo einen Mangel verspüre und diese Leere gefüllt wissen möchte. Dieses Verständnis ist entscheidend. Gerade für einen Selbst.

In der Hetze unseres Alltages haben wir Menschen, Männer wie Frauen die Fähigkeit unsere wahre Lust zu spüren, zumeist verloren. Wir lassen uns von der Technologie ablenken und vergessen dabei gänzlich auf unser Inneres - unsere innere Stimme - zu hören, die ganz genau weiß, was unserem Körper, Geist und Seele guttut.

Obwohl wir Frauen mit einer tieferen Verwurzelung zur Natur beschenkt wurden, als im Vergleich zu unseren männlichen Kollegen, will das nicht heißen, dass wir in unserer Zeit besser damit umgehen können. Unsere innere Stimme, die uns unsere Leeren, unsere Mankos näherbringen würde, wird zumeist mit externer Berieselung (Tätigkeiten die ablenken wie z.B. Internet etc.) übertönt. In diesem Zusammenhang wird unsere hochsensible Fähigkeit der eigenen Wahrnehmung - was uns in diesem Moment guttäte - geblendet. Dabei lassen wir uns eine große Chance an Luststillung, sei dies durch Nahrung, Musik, Kontakt mit Mitmenschen durch die Lappen gehen. Dabei ist dieses Manko an Wahrnehmung ein Hinweis darauf, dass in jenem Bereich der Energielevel tief ist. Um diesen aufzutanken bedarf es in Grunde genommen – um auf das vorgehende Beispiel – einzugehen, einzig und allein einen Waldspaziergang ohne Handy und Ablenkung.

Was machen wir stattdessen? Wir überdecken die innere Stimme mit

Ablenkung, wie mit Arbeit oder anderen externen Einflüssen. Das Manko der Wahrnehmung bleibt dadurch weiterhin bestehen.

Wie steht es um deine Lust?

Nun wird es Zeit dich mit deiner Lust auseinanderzusetzen. Wir wollen dieser Lust nun gemeinsam auf die Spur kommen.

Frage dich nun ganz spontan: Auf was hast du in diesem Moment Lust? Lehne dich kurz zurück und fühle tief in deinen Körper hinein. Blende fremde Geräusche aus und fokussiere dich auf deinen Körper und innere Stimme. Nach was gelüstet es dich jetzt?

Wie war für dich diese Übung? War es schwierig für dich deinen Körper zu spüren und deine Lüste zu betiteln?

Es ist wichtig dich dieser Fähigkeit der klaren Benennung deiner Gelüste jederzeit zu bedienen. Diese Empfindung ist sozusagen unser eigenes inneres Sprachrohr, dass genau weiß, was es braucht, um dich gänzlich wohlzufühlen. Wenn wir allerdings nicht spüren können, was wir wollen, was unser Körper zum gänzlichen Wohlbefinden benötigt, entfernen wir uns stetig mehr von dem Glücksgefühl das die Essenz des Glücks und der Gesundheit ist.

Wenn es dir nun schwerfiel deine Lust nach dem bestimmten Etwas zu benennen, lade ich dich dazu ein dies zu üben. Diese Gabe, diese Fähigkeit ist nur etwas eingerostet. Ich rate dir, dass du deine Lust täglich bewusst hinterfragst. Statt wie automatisch einfach im Kühlschrank nach dem Erstbesten zu greifen, frage dich ganz bewusst: **Auf was habe ich jetzt in diesem Moment effektiv Lust?**

Je öfters du dich deiner natürlichen Fähigkeit wieder bewusstwirst, desto schneller trittst du mit dieser internen Kommunikation in den direkten Kontakt und kannst deinen Körper mit den gewünschten Dingen versorgen. Dies fördert unweigerlich deine Gesundheit, Wohlbefinden und schlussendlich dein gesamtes Glücksgefühl.

Was hast du in Bezug auf deine Lust erkannt? Was ist deine Konklusion daraus? Was sind deine nächsten Schritte?

FAZIT

Keine Lust? Was nun?

Gehörst du zu jenen Frauen, die es mit der Lust nicht so haben. Die nicht genau wissen, was sie eigentlich wollen. Die nicht mehr in direktem Kontakt mit ihrem Körper stehen und es deshalb umso schwerer fällt, die Sache – die wahre Lust - beim Namen zu nennen. Die vorgängige Übung hatte bei dir zu keinem Ergebnis geführt, da du nichts gefühlt oder gespürt hast?

Sei beruhigt. Es geht nicht nur dir so. Viele Menschen tragen dieses Blanko, diese Unwissenheit in sich und kennen ihre eigenen Bedürfnisse nicht. In diesem Zustand des Nicht-Wirklich-Erkennens passiert es, dass viel mehr gegessen wird, als der Hunger eigentlich vorgibt. Statt dem Genießen verfällt der Unwissende ins Schlemmen.

Es ist tatsächlich nichts Ungewöhnliches in unserer Zeit, dass wir das Fühlen, das Scannen unseres Verlangens verlernt haben. Uns wird ununterbrochen über die Marketingwelle via TV, Internet, Radio und Smartphone suggeriert, auf was wir Lust haben sollten. Gänzlich irrelevant ob das tatsächlich so ist. Unser Geist nimmt diese Suggestionen als wahr auf und lässt sich davon verführen.

Dies beginnt am Morgen sobald wir mit dem Auto an einem Werbeplakat vorbeirasen und endet am Abend vor dem Fernsehen, wo uns ein Werbeclip ein leckeres Schokoladeneis vorgeführt wird. Von 10 Personen stehen 7 auf und holen sich eine Leckerei, obwohl ihr Bauch vom Abendessen her noch sehr gefüllt ist.

Die Frage ist: Wie entrinnst du diesem Rattenschwanz der sich täglich vor deiner Nase abspielt? Die gute Nachricht ist, dass du schon allein mit dem Erkennen dieser Tatsache die Hälfte des Weges gegangen bist. Bravo! Die zweite Hälfte ist es all diesen Verlockungen zu widerstehen. Lerne stattdessen dich kritisch zu fragen, ob es deinem Körper wirklich nun nach Schokolade gelüstet.

**Übe dich in dem kritischen Hinterfragen, in dem Innehalten,
in dem in dich Spüren und klaren Erkennen.**

Vor allem wir Frauen sind in der Falle der Zeit gefangen. Wir sind vollgestopft mit endlosen Traktanden die in einem minutiösen Zeitplan zusammengefasst sind. Viel zu selten sind dabei Zeitpuffer eingeplant, die diese Art von Abfragen Freiraum gibt.

Beginn heute damit, dass du dir täglich 5 – 10 Minuten Zeit einplanst. In dieser Zeit gehst mit deinem Körper in Rapport und kommunizierst mit ihm. Indem du dir diese Zeit gibst, gehst du den ersten Schritt zu einem neutralen und befreiten Erkennen und Entscheiden über deinen Gelüsten.

Frage dich täglich vor dem Schlafen, wie oft dir das Eruieren deiner Wünsche, Lüste, Empfindungen gelungen ist. Am besten schreibst du dies allabendlich in dein Glücksjournal und schaffst dir dadurch einen Überblick über deine Fortschritte. Das ist wichtig! So nimmst du deine Entwicklung wahr. Je öfters du diese Übung durchführst, desto leichter wird es dir fallen.

Schreibe nun 3 Maßnahmen auf mit welchen du ab sofort das tägliche Praktizieren dieser Übung beginnst.

1. ____

2. ____

3. ____

Toll gemacht!

Die 5 wichtigsten Erkenntnisse & Leitsätze aus diesem Kapitel sind:

Der Weg in eine erfüllte Beziehung

Der Mensch trägt das Verhalten eines Herdentieres in sich. Wir ziehen der Einsamkeit die Gesellschaft von anderen Menschen vor. Dies wiederspiegelt sich in allen Kulturen wo Menschen - sei dies in der Stadt oder am Land in allen Teilen des Erdballes - in kleineren oder größeren Gruppen zusammenwohnen. Es gibt Menschen die die Einsamkeit vorziehen und ein Einsiedlerleben führen. Dies ist selten ein Ergebnis aus negativen Erfahrungen, die das Gruppenleben mit Menschen mit sich führte.

Nebst diesen Gesellschaftsformen strebt in uns Menschen der intensive Wunsch unseren Mr. oder Ms. Right zu finden. Dabei ist das klare Ziel jene für uns bestimmte Person – den sogenannten passenden Deckel – zu finden um eine harmonische und glückliche Partnerschaft zu führen. Viele Menschen glauben, dass sie nur dann glücklich sein können, wenn dieser Mensch endlich ihr Leben betritt. Glaubst du das auch?

Wo stehst du derzeit?

In welcher Situation befindest du dich derzeit? Steckst du in einer glücklichen, harmonischen Beziehung die dich gänzlich ausfüllt? Oder bist du ein Single aus Überzeugung oder aus der Not heraus? Eine alleinstehende Mutter die nach einer gescheiterten Ehe nebst Haushalt, Beruf und Erziehung versucht ab und zu mal beim Ausgang mit Freundinnen Spaß zu haben. Dabei ertappst du dich nicht selten, dass du nach Mr. Right Ausschau hältst. Gerne lade ich dich dazu ein deine aktuelle Situation zu definieren:

Ich____

____

Bitte denke daran, dass es nicht um Wertung geht. Es gibt kein richtig oder falsch, sondern nur einzig deine Empfindung, dein Spüren. Entscheidend in jeder Situation ist es zu wissen, wie es dir dabei geht. Frage dich:

Macht dich deine Situation glücklich? Fühlst du dich allein und einsam? Fehlt dir in der jetzigen Ausgangslage etwas? Wenn ja was? Fühle in dich hinein und höre auf deine innere Stimme. Wie fühlst du dich dabei fühlst?

Wir halten selten inne um in uns hinein zu hören. Derweilen spricht unser Körper, Geist und Seele ständig mit uns. Die Frage ist, ob du diese Botschaften wahrnimmst und hörst. Diese Übungen laden dich ein dein Innerstes abzuhören, zu scannen. Denn darin liegen wichtige Informationen für dich und dein Wohlbefinden.

Deshalb überlege dir: Was ist dein Fazit aus dieser Übung? Was genau wünschst du dir? Was hast du daraus gelernt?

Wo geht die Reise hin?

Wir Menschen, Frauen wie Männer, neigen in Bezug auf unser Leben dazu einfach loszurennen und uns dabei gar nicht recht zu überlegen wohin wir eigentlich hinsteuern.

Während wir eine Urlaubsreise vom Tag 1 bis zum Letzten bestens organisieren, versäumen wir dies zumeist mit unserem Leben zu tun. Dabei ist die Grundsatzfrage jene:

Was willst du eigentlich? Wohin soll deine Reise dich hinführen?

Es ist als würdest du als Kapitän deines Schiffes losfahren wollen und rufst deiner Mannschaft zu *„Wir fahren los!"*. Ok! Nur wohin geht es? In welche Richtung ist dein Kompass ausgerichtet? Soll es in den Süden, Norden, Westen oder Osten gehen? Die Antwort ist entscheidend für deine weiteren Schritte und Ausrichtung.

Es steht uns allen nur eine begrenzte Anzahl von Lebensdauer zur Verfügung. Diese gilt es so gut als möglich zu nutzen. Deshalb ist es wichtig zu wissen, in welche Richtung du unterwegs bist. Denn wenn du tief in deinem Herzen nach dem Süden strebst, allerdings in den Norden unterwegs bist, ist dein Ruf nach den Süden nicht entschwunden. Ganz im Gegenteil. Je weiter du dich davon entfernst desto intensiver wird dieser. Frage dich nun:

Wohin soll deine Reise gehen? Wonach strebst du?

____

Fiel dir dazu nichts ein? Haderst du mit deinen Antworten? Keine Sorge. Wir gehen in den weiteren Kapiteln näher darauf ein.

Ich bin mir selbst am Wichtigsten...

Gehörst du zu jenen Frauen, die sich selbst an letzter Stelle setzen, ans Ende der Schlange platzieren? Bevor du auf dich selbst schaust, lässt du alle voran, gewährst ihnen selbstlos den Vortritt. Deinem Mann oder Lebenspartner, deinen Kindern, Eltern, ebenso deinen Arbeitskollegen?! Du tust das, obwohl du eigentlich auch gerne in den vordersten Reihen mitspielen würdest. Aber dein (Mutter)Instinkt lässt viel zu selten zu, dass du dich selbst den Platz an erster Stelle erlaubst. Das Ergebnis daraus ist, das sich dein Umfeld gänzlich an dein selbstloses Verhalten gewöhnt. Wer bleibt auf der Strecke? Ja genau: DU!

Oh du meinst, dass es als Mutter deine Pflicht ist, deine Kinder an erster Stelle zu setzen? Ich stimme dir gänzlich zu, dass du als Mutter die Verantwortung für deine Kinder hast. Dies bedeutet aber nicht, dass du dich wie eine Leibeigene zu verhalten hast.
Nimm dir Zeit für dich!

Gönne dir eine Auszeit von der Familie! Der erste Schritt dazu ist deine Entscheidung dir diese Zeit zu gönnen und sodann von deinem Umfeld einzufordern. Glaube mir, es ist durchaus umsetzbar für dein Umfeld. Es ist alles eine Frage der Kommunikation und der Organisation. Du wirst sehen: Eine Stunde für dich, ganz alleine für dich, ist enorm nährend.

Was würdest du machen, wenn du täglich eine Stunde ganz alleine für dich zur Verfügung hättest?

Klingt das nicht reizvoll? Beginne heute damit dir diese Stunde zu nehmen! Es liegt an dir und ist deine Entscheidung.

Darf ich vorstellen: „Mein Mr. Right…"

Nicht selten höre ich Frauen klagen *„Wo ist mein Mr. Right?"*. Dabei gilt es etwas Entscheidendes im Vorfeld zu klären: WIE dein Mr. Right sein sollte? Mit welchen Eigenschaften sollte er ausgestattet sein. Genau! Es ist wie mit der Zielfindung. Nur wenn du weißt, wohin die Reise geht, kannst du das Radar entsprechend darauf ausrichten.

TIPP

Ich lade dich dazu ein deine insgeheimen Vorstellungen deines Mr. Right hier festzuhalten. Es ist DEIN Wunschpartner! Somit vergiss alle Regeln und Maßstäbe. Wie soll dieser Mann aussehen? Welche Eigenschaften soll er haben? Welchem Beruf geht er nach? Hat er Kinder? Wie alt ist er? Ist er geschieden? Wo lebt er? Was für eine Vergangenheit hat er? Hat er Geld? Ist er erfolgreich? Welche Hobbies sind seine Leidenschaften? Kocht er gerne? Ist er treu? Ist er liebevoll? Etc.

ÜBUNG

Kreiere deinen Mr. Right, indem du ihn so explizit wie möglich beschreibst. Nimm ein A4 Blatt und lege los:

Als ich mir zum ersten Mal ernsthafte Gedanken über meinen Mr. Right machte und ich meine Präferenzen auf Papier festhielt, überarbeitete ich den Entwurf 3 Wochen bis ich endlich die Finalversion in der Hand hielt. Lass dir Zeit dafür! Stresse nicht, sondern überlege dir gut, wie dein Mr. Right – den du fortan an deiner Seit
e wissen willst – sein sollte. Es ist dein Mr. Right und er darf und er sollte ganz deinen Wünschen entsprechen.

Aber Achtung: Sei achtsam was du dir wünscht! Überleg dir dazu ganz genau welche Eigenschaften und Fakten dein Mr. Right mitbringt. Für jene die sich tiefer mit diesem Thema beschäftigen möchte, empfehle ich mein Buch „*Lust… auf Mr. Right?*".

Ich möchte mit meinem Partner alt werden…
Mal angenommen du bist in einer Beziehung und hast einen langjährigen Partner an deiner Seite. Frage dich: Ist er deine Erfüllung? Entspricht diese Person deinem Mr. Right? Liebst du ihn? Möchtest du mit ihm alt werden? Wenn dem so ist, gratuliere ich dir dazu! Es ist wunderbar einen Menschen an seiner Seite zu wissen, der der perfekte Deckel zu seinem Topf ist.

Die meisten Frauen allerdings werden diese Frage mit einem klaren oder zögerlichen „*nein*" beantworten. Wobei es zu unterscheiden gilt. Es ist eines den Mann zu lieben und was anderes, ob du mit deinem Lebenspartner alt werden möchtest. Das sind zwei grundsätzlich unterschiedliche Dinge und ich lade dich wirklich dazu ein dies auch als Unterschied zu werten. Wie ich dies meine?

Viele Beziehungen sind aus Gewohnheit, aus der Bequemlichkeit oder der Kinder wegen zusammen. Es ist grundsätzlich irrelevant aus welchen Gründen du mit deinem Partner zusammen bist. Entscheidend ist, ob du dir vorstellen kannst mit diesem Mann bis ans Ende deiner Tage zusammen sein zu wollen. Lege alle Konventionen ab und überlege dir dies.

ÜBUNG

Folgende Übung ist dabei lehrreich: Nimm dazu dein aktuelles Alter. In meinem Fall ist dies 49 Jahre. Eine Studie zeigt auf, dass bei Frauen die durchschnittliche Lebenserwartung bei 84 Jahren liegt und bei den Männer 79 Jahren. Somit bleiben mir statistisch gesehen noch insgesamt 35 Jahre, was effektiv 12740 Tagen entspricht. Zwölftausendsiebenhundertvierzig Tage!

Eine Zahl die mit jedem Tag unweigerlich kleiner wird. Es ist wichtig, dass du dir dessen klar wirst, wie viel Zeit dir ungefähr noch bleibt. Lebenszeit ist und bleibt begrenzt. Schon bei der Geburt war dieses Gesetz eindeutig klar. Mit dem Leben wurde einem jeden von uns auch gleichzeitig der Tod geschenkt. Gerade wir in der westlichen Zeit vergessen dies gerne, verdrängen diese Tatsache. Aber nun stellst du dich diesen Fakt. Nun berechnest du jene Lebenstage die du statistisch gesehen noch zu leben hast. Was kommt bei dir raus?

Meine statistisch verbleibenden Lebenstage sind___________________

Wie fühlst du dich, wenn du dir dieser Zahl bewusstwirst? Kommt dir diese Zahl mickrig vor? Erkennst du wie wertvoll jeder Lebenstag ist? Umso wichtiger jeden Tag zum Besten zu gestalten.

FAZIT

Somit frage dich: Möchtest du deine verbleibenden Lebenstage (… Tage) mit deinem aktuellen Lebenspartner verbringen?

Warum bist du mit deinem Partner zusammen?

Ich lade dich nun mit meinen provokanten Fragen ein, dir gegenüber ehrlich zu sein. Es geht schließlich um etwas sehr

Wichtiges: **Dein Leben!**

Somit stell' dir folgende Fragen: Warum bist du mit deinem Partner zusammen? Was ist der Grund? Ist es Liebe? Der Gewohnheit wegen? Hast du Angst ihm und dein Umfeld weh zu tun? Der Kinder wegen? Die Angst alleine zu sein? Angst keinen anderen Mann zu finden? Übrig zu bleiben?

Sei dir selber gegenüber ehrlich und offen! Mach' dir selbst nichts vor, sondern bringe die Wahrheit auf den Punkt. Auch wenn es weh tut. Es ist entscheidend für dich und deine Zukunft!

Lieber alleine allein, als zu zweit allein

In unserer westlichen Welt ist das Alleinsein eine Lebensform die selten freiwillig angestrebt wird. Während die indianischen Völkerstämme das Alleinsein  als festes Lebensritual annehmen, neigen wir in der westlichen Kultur dazu, das Alleinsein mehr als unbeliebten Zustand statt als nährende, lehrreiche Zeit anzunehmen. Diese Sichtweise wird von der gesellschaftlichen Meinung und Verhalten gefördert.

Derweilen trägt das Alleinsein, diese Zeit wo du dich nur mit dir selbst beschäftigst, eine unglaubliche bereichernde Energie in sich, die dich – wenn denn positiv angenommen – sehr tragen wird. Trotz diesem Wissen neigen viele Frauen in dem Muster, lieber in einer Beziehung zu verharren, die sie nicht glücklich macht, als alleine zu sein. Der Kinder, des Umfeldes – was sagen denn bloß die Nachbarn dazu – oder schlicht der eigenen Angst wegen.

Ich war viele Male alleine. Bin alleine durch viele Herrenländer gereist und fand mich stets in bester Gesellschaft vor, indem ich wunderbaren Menschen begegnet bin, die eine Zeit lang meinen Weg begleiteten. Das Wunderbare mit dem Alleinsein sind die Optionen die daraus wachsen. Alleine des Wegs unterwegs zu sein, macht einen wachsamer, kreativer und vor allem auch glücklicher. Zudem bringt dich dies deinem Selbst viel näher, da du dadurch Zeit, Raum und die Stille hast dich mit dir selbst zu beschäftigen.

Die Frage ist, was mehr aufwiegt? Deine Angst alleine zu sein? Oder die Vorstellung was und wer deinen Weg kreuzen werden, sobald du dich für das Alleinsein entscheidest? Die neue Situation verändert deine Perspektive und so auch deine Wahrnehmung. Du wirst Dinge und Personen erkennen, die du mit der Schwere deiner aktuellen Situation nicht sehen kannst, da du eine andere Haltung und Blickwinkel einnimmst.

FAZIT

Alles hat seinen Preis! Wie Epikur in seiner Lehre der Lust festgestellt und auf den Punkt gebracht hat: Es bedarf einen Weg des Schmerzes der zwangsweise zu höheren Lust führen wird. So auch in Bezug auf dein Wunschleben. Um diese gänzliche Lust zu erleben, musst du zuvor einige Hürden überspringen.

Bei einer Dreiecksbeziehung ist einer zu viel

Ich kenne viele Frauen die in einer Dreiecksbeziehung festsitzen. Die Rolle der zweiten Frau ist eine Undankbare. Die ununterbrochene Dualität zwischen der tiefen Liebe die für diesen einen Mann empfunden wird - obwohl dieser verheiratet oder anderweitig liiert ist - und dem intensiven Wunsch, den Herzensmann für sich alleine zu wissen, ist wegen der Geheimhaltung und der unbefriedigten Sehnsucht ein ununterbrochener Seiltanzakt.

Durchaus hat so eine Dreiecksbeziehung seine Vorteile.
Der Partner kommt in bester Laune zu seiner Geliebten, verwöhnt diese und öffnet sich ihr gegenüber ehrlich und offen. Die Ehefrau weißt meistens nichts von ihrer Nebenbuhlerin. Nicht selten ist die zweite Frau eine gute Freundin der Familie und bei Familienfesten

eingeladen. Dadurch trägt die Nebenbuhlerin zumeist den bitteren Beigeschmack dieser Konstellation noch mehr mit sich herum.

Falls du in einer Dreiecksbeziehung lebst, lade ich dich ein, dich zu fragen, warum du diese Beziehungsform gewählt hast? Eine provokante Frage? Wie fühlst du dich in dieser Konstellation? Was sind deine Intentionen? Wie lange bist du bereit, diese Form der Beziehung aufrechtzuhalten und zu führen? Entspricht dein Geliebter deinen Vorstellungen deines Mr. Right, den du mit einer anderen Frau teilst?

Bitte sei ehrlich zu dir selbst. Es ist nicht wichtig, was andere dazu sagen. Wenn du in dieser Beziehungsform glücklich bist, dann ist dies wunderbar für dich. Allerdings möchte ich dich dazu einladen, dass du dein Innerstes kritisch hinterfragst und zu Wort kommen lässt. Es geht um dein Leben, um deine verbleibenden Lebenstage.

Bist du bereit deine restlichen Lebenstage (…?) so zu leben?

Haustiere als Ersatz

Gerade Frauen neigen dazu sich ein Haustier zu nehmen. Nicht selten um das Alleinsein zu erleichtern und um die Leere zu füllen, die sie in ihrem Singleleben verspüren. Ein Haustier zu haben ist etwas Wunderbares. Sobald die Haustüre geöffnet wird, wird Frauchen überschwänglich von ihrem Hund begrüßt. Das Tier freut sich immens und teilt seine Freude ohne Wenn und Aber mit. Was für eine Augenweide für Frauchen, die sich über diese Aufmerksamkeit, Gefühlsausbruch freut. Sie nährt sich daran. Wurde sie von ihrem Verflossener je in dieser Form begrüßt? Nein!

Zudem erweist es sich als praktisch, dass das Tier beim Gassigehen unverblümt Männer beschnuppert und die Streu vom Weizen trennt. Praktisch! Klar: Bei den weiblichen Tierhaltern ist Mr. Right ganz klar eines: Ein Hundeliebhaber! Wenn das geliebte Tier den neuen Mann an deiner Seite bestens riechen kann, ist das ein positives Zeichen für Frauchen. Hündchen kennt sich da eben aus.

Bei dieser Konstellation gilt es allerding zu beachten, dass diese Tierliebe nicht zum Ersatz des Partners werden sollte. In vielen Fällen wird die eine Betthälfte von dem Golden Retriever gefüllt um mit dem Frauchen gekuschelt. In manchen Fällen kommt dem ersten Haustier ein zweites hinzu und Frauchen verliert in ihrem eigenen Bett und Haus immer mehr an Boden.

Ganz beliebt ist auch die Haltung von Katzen bei Frauen. Katzenliebhaber ticken anders als die Hundehalterinnen. Der Hund muss zum Gassi geführt werden, während die Katze ihr eigener Herr ist. Sie geht wohin und wann sie will. Frauchen wird von den Vierpfoten mehr als Futtergeberin gesehen und dafür ist das Kuscheln durchaus akzeptabel. Ansonsten lässt sich der Kater oder süße Kätzchen nichts sagen. Sie ist ihr eigener Boss und lebt entsprechend. Frauen die Katzen halten, haben eine Zwischenlösung gefunden. Während Katzen die in der Stadt gehalten werden, zu Haustieren – im wahrsten Sinn des Wortes – erzogen wurden, sind Katzen die am Land leben ihrem Ursprung näher. Sie durchforschen die Natur und kehren in das Haus nach ihren Kreuzzügen und ihrem Belieben zurück.

Die Frage ist: Warum hält sich Frau ein Haustier? Pure Tierliebe? Partnerersatz? Kinderersatz? Ausfüllen von der Leere?

Bist du ein Haustierhalter? Hältst du einen Hund oder Katze? Gerne lade ich dazu ein deine Beweggründe zu der Tierhaltung zu hinterfragen. Natürlich liebst du dein Tier. Das steht außer Frage. Frage dich nun aus welchen Beweggründen du ein Tier hältst. Was kompensierst du damit? Für all Damen die kein Haustier haben, hinterfrage dich ebenso warum du kein Haustier hältst?

Unser Umfeld spiegelt uns selbst, unser Inneres. Meistens erkennen wir dies nicht. Deshalb ist die nächste Übung spannend. Du hast entweder eine Katze oder Hund. Welche Tierart ist dies? Klein, groß? Welche Charakterzüge hat dieses Tier? Eher fürsorglich oder aggressiv? Ist es mehr selbstständig oder familiär? Warum hast du dich für diese Tierart entschieden? Wenn du kein Haustier hast, welche Tierform würdest du wählen? Wie wäre dein Haustier?

Ja, dein Haustier ist dein Spiegel. Was erkennst du in deiner Beschreibung? Was spiegelt dir dein Haustier? Trägst du die Charaktereigenschaften deines Tieres ebenso in dir? Was sagt dieses Tier (reell oder fiktiv) über dich und dein Leben aus?

Was hat das Eine mit dem Anderen zu tun hat? Das zeige ich dir…

Spieglein, Spieglein an der Wand…

Unverkennbar und faszinierend sind die Parallelen die unser Umfeld aufzeigt und wir uns in ihnen spiegeln. **Die Spiegelresonanz!** Wenn wir achtsam sind, erkennen wir in unserem Umfeld die Antworten nach denen wir streben. Allerdings haben wir dies verlernt - Männer wie Frauen. Was hat es mit der Spiegelresonanz auf sich?

Du blickst in den Spiegel. Was erkennst du? Deine Schönheit? Dein perfekt geformtes Gesicht? Oder erkennst du deine Makel die sich - deiner Meinung nach - in der kleinen Nase, den Fältchen um deine Augen und dünnen Lippen präsentieren.

Was passiert hier? Grundsätzlich zeigt dir dein Spiegelbild ein neutrales, wertfreies Bild von etwas. Wenn du hineinblickst, erkennst du dich selbst darin - logisch, nicht wahr? Der Spiegel hat keine weitere Aufgabe, als das zu spiegeln was das Gegenüber anzeigt.

Der Spiegel interpretiert nicht, sondern spiegelt (nur).

Spannend wird es, wenn der Betrachter seine Bewertung miteinbezieht. Befindet er das Sehende als schön oder unschön? Darin liegt der Schlüssel:

**Es liegt stets im Auge und im Verwerten des Betrachters,
wie er was wahrnimmt.**

Lass uns ein Experiment machen: Was siehst du wenn du in den Spiegel blickst? Was für eine Frau blickt dich an? Lächelt sie? Sprühen ihre Augen? Wie ist ihr Äußeres? Schaut sie glücklich aus? Was für eine Ausstrahlung nimmst du wahr?

Bist du über das Ergebnis überrascht?
Deine Beschreibung ist genau das, was du über dich denkst. Die Interpretation dessen, was du im Spiegel siehst, sagt viel über dich und deine Meinung über dich aus. Selbstverständlich kommt es auch auf deine Tagesform an. Diese beeinflusst unweigerlich deine eigene Betrachtung. Allerdings bleibt dabei unverändert, wie du dich dabei annimmst. Gehst du liebevoll mit dir um? Streichelst du mit deinen Augen dein Aussehen oder gehst du kritisch mit dir ins Gericht?

Eine weitere spannende Achtsamkeitsübung ist es indem du lächelnd auf den Straßen läufst. Die Menschen werden dich verwundert ansehen, etwas irritiert um sich blicken, sich gleichzeitig fragen, ob sie dich kennen, und… das ist

das Erstaunliche! Du wirst von unbekannten Passanten herzlichst gegrüßt werden. Gerade ältere Menschen und Kinder sind enorm wachsam und reagieren schnell auf dein Lächeln. Ist es nicht schön, wenn dich unbekannte Menschen mit einem Lächeln anlächeln?

Du alleine entscheidest, wie du dich im Spiegel wahr- und annimmst. Wahrnehmen trägt das Wort *„nehmen"* mit sich. Die Folge daraus: Nimm dich dankbar einfach so an wie du bist.

Es ist bestens so wie du bist, denn du bist ein wunderbarer, einzigartiger, phantastischer Mensch!

Wer liebt mich...?

Frauen neigen dazu Bestätigungen für die Liebe im Außen zu holen. Von unserer Familie, Eltern, Geschwistern, von unserem Partner. Das Problem in dieser Konstellation und Erwartungshaltung ist, dass du nicht entscheiden kannst, wie und was der andere denkt. Ob dich deine Mutter nun liebt, hängt von ihr ab und nicht von dir. Ob du von deinem Vater als Tochter anerkannt bist, ist nicht dein Call, sondern der deines Vaters.

Obwohl dies an sich verständlich ist, finden wir uns oft in den unmöglichsten Denkmodellen wieder. Dabei wird um die Aufmerksamkeit der Eltern wie ein Löwe gekämpft. Du investierst endlos viel Energie indem du über Jahrzehnte versuchst mit Taten darauf aufmerksam zu machen, was für eine einzigartige Tochter oder Sohn sie haben. Die Enttäuschung ist schmerzhaft, wenn dies trotz der unendlichen Versuche nicht erwidert wird.

Dasselbe Modell geht mit dem Partner weiter. Als Frau fühlen wir uns verpflichtet zu sorgen, dass der Haussegen nicht schief hängt, sondern gerade hängt – sprich harmonisch ist. Wie oft verrenkt sich jede Einzelne bei diesem Bemühen?

Deshalb: Bedenke stets, dass du dich als Mensch und Frau nicht für andere Personen verrenken solltest, auch wenn sie dir noch so nah

stehen, sondern dich so annimmst wie du bist. Dabei ist es unverzichtbar, dass du dich mit viel Liebe, Achtsamkeit und Wertschätzung überschüttest. Lege diese Aufgabe nicht in die Hände von anderen, sondern nur in deine. Nochmals: Nur in deine!
Sobald du diese Verantwortung abgibst, eröffnest du Möglichkeit, dass du mit Worten und Taten getreten wirst. Das hast du nicht verdient, denn du bist eine einzigartige Person mit außergewöhnlichen Fähigkeiten und Talenten. **Liebe dich total.**

Sage dir täglich was für ein wunderbarer Mensch du bist. Schreibe dies in dein Glücksjournal (*Seite 155*) hinein, wie schön, wunderbar und außergewöhnlich du bist. Suche dir dazu Referenzpunkte, sprich Bestätigungen, die deine Behauptung untermauern. Wir Menschen sind vom Kopf gesteuert und benötigen deshalb Beweise um unsere geistigen Behauptungen zu untermauern.

Suche dir täglich mindestens 3 Referenzpunkte, in welchen du deine Liebe reflektiert bekamst. Erinnere dich daran, dass dein Umfeld dein Spiegel ist. Somit spiegelt sich deine Liebe in deinem Umfeld. Was siehst du? Was erkennst du?

Hat dich heute jemand angelächelt? Hast du ein Kompliment bekommen? Was haben die Menschen dir heute gesagt? Notiere diese Erlebnisse, Begebenheiten. Je öfters du das machst, desto mehr wirst du sehen, was um dich herum passiert. Was ist dir heute in diesem Sachverhalt alles Wunderbares passiert?

____

____

Der Anfang einer erfüllten Beziehung liegt darin dich selbst gänzlich zu lieben, wertzuschätzen und zu achten. Egal was dein Partner oder was andere über dich sagen. Der Schlüssel ist deine SELBSTLIEBE!

Somit frage dich: Gibt es jemanden der mich liebt? Oh Ja…
Ich liebe mich SELBST!

____

Die 5 wichtigsten Erkenntnisse & Leitsätze aus diesem Kapitel sind:

Folgst du deinem (Be)Ruf…?

Wir alle tragen in uns einen Ruf. Den Ruf nach unserer Bestimmung, nach unserer individuellen Lebensaufgabe! Dieser Ruf ist bei den einen Menschen nur sehr schwach wahrzunehmen, während dieser bei anderen laut erklingt. Dies erklärt das Phänomen, wenn ein Kind bereits in jungen Jahren ausruft, dass es Arzt werden möchte und dies im Erwachsenenleben wie selbstverständlich umsetzt. Dieses Kind hatte seinen inneren Ruf klar wahrgenommen und konnte somit alle andere Option diskussionslos ausschließen und ad Act legen.

Beruf = Berufung

Wie anhand des Beispiels des Kindes dargelegt, trägt ein jeder seine ganz individuell für ihn bestimmte Berufung in sich. Die Frage ist folgende: Per wann wird er oder sie sich dessen bewusst?

Unser Schulsystem sowie auch Universitäten haben das Erforschen der jeweiligen Berufung entweder gar nicht oder nur in geringen Masse integriert. Dadurch passiert es, das sich Jugendlichen zu unzufriedenen Erwachsenen entwickeln, die einem Beruf nachgehen, der überhaupt nichts mit ihrer (Be)Rufung zu tun hat. Warum? Kein Fokus und Aufmerksamkeit lag auf das Eruieren ihrer individuellen Berufung. Was für eine schwergehende Entwicklung, die sich auf das Wohlbefinden der Person auswirkt.

Menschen die ihren inneren Ruf erkennen, ihrer Berufung folgen, diese im Berufsleben nachgehen, sind weitaus glücklichere, zufriedenere und ausgeglichener Menschen, als jene die aufgrund von familiären Konstellationen den väterlichen Betrieb übernehmen, obwohl ihr Ruf nach der Karriere eines Pianisten schreit.

Zumeist erkennen die Menschen ihren inneren Ruf, ihre Berufung gar nicht. In unserer westlichen Gesellschaft werden keine Rituale integriert, die sich mit dieser so wichtigen Frage auseinandersetzen.

Bei Indianer Stämmen galt es für jeden Jugendlichen als ein Muss, sich für Tage in den Wald zurückzuziehen um in Meditation seinem höheren ICH zu begegnen. In dieser Begegnung finden sich Antworten auf entscheidende Fragen die den jungen Menschen in seine für ihn bestimmte Richtung weist.

Wir in der westlichen Welt können uns mit diesen Grundsatzfragen beschäftigen, indem wir wachsamer und fokussierter mit diesem wichtigen Thema umgehen. Gerade für Mütter bietet sicher eine wunderbare Plattform. Indem du dein Kind achtsam beobachtest, nach Vorlieben befragst und ihm die unterschiedlichsten Möglichkeiten aufzeigst, unterstützt du dein Kind bei dem Herausfiltern und Erkennen seiner (Be)Rufung. Dein Kind wird dadurch schneller seine Berufung entdecken und kann dieser folgen.

Was machst du beruflich...?
Übst du einen Beruf aus der dich erfüllt? Der dich auf eine nährende Art beglückt? Der dich in einen Flow Zustand führt?

Nein?! Vielleicht tröstet es dich, zu wissen, dass sich in unserer westlichen Gesellschaft weit über 80% der Beschäftigten mit einem Beruf auseinandersetzen, der sie nicht glücklich macht. Traten in die Fußstapfen ihrer Vorfahren um dem Familienwunsch gerecht zu werden. Das mag ja die Familie glücklich machen, aber sind dabei die Bedürfnisse des Betroffenen abgedeckt?

Du beschäftigst dich über ein Drittel deines Tages mit deiner Arbeit. Macht dich diese glücklich? Wenn nicht, kann führt dies zumeist zu einer abfallenden Gesundheit, zu Herzschmerz und Depressionen, Unglücklichsein und einer großen Leere.

Wie sieht das bei dir aus? Betrachte dazu deine Situation. Wie sehr liebst du deinen Beruf? Spürst du tief in dir, dass es deine Berufung ist? Hegst du den Wunsch nach einer neuen Tätigkeit? Willst du deine eigene Firma führen, hattest aber bisher nicht den Mut dazu? Wie sehr fühlst du dich mit deinem Beruf verbunden? Welche Gedanken kommen dir dabei?

____

____

Was ist dein Fazit? Führst du einen Beruf aus der deinem Ruf und deiner Berufung entspricht? Was lernst du daraus?

____

Lebst du deine Berufung aus?

Hat dir die vorgängige Übung aufgezeigt, dass du zu diesen 80% der Menschen gehörst, die ihre Berufung nicht ausleben? Oder noch schlimmer… Gar nicht mal kennen.

Sei dir gewahr, dass es dir wie eine Vielzahl von Menschen geht. Sie haben keinen blassen Schimmer, was eigentlich ihre Berufung ist. Eventuell haben sie eine Ahnung, vielleicht eine Vermutung, aber so richtig beim Namen nennen könne sie dies nicht.

Hierzu habe ich zwei gute Nachrichten für dich:

1. Wir leben in einer Zeit, in der es üblich ist nach 10 Jahren einen neuen Beruf auszuüben. Was für unsere Großeltern noch unvorstellbar war, ist heute Gang und Gäbe. Es ist somit für eine Veränderung nie zu spät ist. Auch nicht für dich.

2. Es gibt gute Wege deiner Berufung zu erkennen. Lass uns dazu ein paar Jahre zurück zu gehen…

Als Kind träumte ich von…?

Was für Kinder selbstverständlich ist, ist für uns Erwachsene schier unvorstellbar. Obwohl wir einst selber Kinder waren, scheint uns als Erwachsene die Sichtweise eines Kindes komplett entrückt. Eigentlich verrückt im wahrsten Sinn des Wortes. All unsere Antworten liegen in unserem Kindesbein und wir legen diese als Erwachsene ab. Nicht ganz, denn deine Antworten liegen nach wie vor in dir. Etwas verstaubt vielleicht sogar eingegraben, aber nach wie vor in deiner Reichweite.

Überleg dir, was hast du als Kind geträumt? Was wolltest du tun? Was hat dich magisch angezogen? Lass deine Gedanken wertfrei fließen und schreibe diese einfach unzensiert nieder:

Lass dir für diese Übung Zeit. Wichtig ist, dass du die Gedankengänge aktivierst und wachsam deine Gedanken festhältst. Mir ist es passiert, dass mir Kindheitsträume in den Sinn kamen, als ich Kinder beim Spielen im Wald beobachtete. Plötzlich sah ich mich im Wald als Siebenjährige wieder und die Erinnerungen - wie ich Holzwurzeln sammelte und diese zu Skulpturen aufstellte - überhäuften sich. Gewöhne dir an, dass du immer ein Block und Schreiber bei dir trägst. Somit kannst du deine Gedanken, Geistesblitze und Erinnerung festhalten. So schnell diese kommen so schnell sind sie wieder weg.

Was machst du gerne?

Du wirst Hinweise darüber erhalten, was du als Kind gerne gemacht hast. Dein aktuelles Leben gibt dir zahlreiche Zeichen, mit denen du dich nun auseinandersetzen wirst. Unsere (Be)Rufung zeigt sich in kleinen Facetten, wie zum Beispiel in der Ausübung von Hobbies.

Womit beschäftigst du dich gerne in deiner Freizeit? Kochen? Malen? Gehört Basteln zu deiner Leidenschaft? Erfindest du Kindergeschichten? Was machst du gerne?

Uns mit Dingen und Aktivitäten zu beschäftigen, die uns innerliche eine große Freude und Befriedigung geben, ist unverkennbar ein Hinweis auf unsere ganz individuelle (Be)Rufung. Dich deiner Lieblingsbeschäftigungen bewusstzuwerden, ist ein wichtiger Schritt, der dich ebenso zu deiner Berufungsausübung führt kann.

Nutze deine Stärken und Talente

Du hast nicht grundlos gewisse Talente in die Wiege gelegt bekommen. Deine Talente sind vergleichbar mit auf dich abgestimmte individuelle Softwaresysteme die deine Hardware in die entscheidende Richtung lenken. Mit dieser Software ausgestattet, kannst du bestimmte Programme und Ziele effizient und mit Leichtigkeit in die Gänge bringen. Wenn denn genutzt.

Es ist erschreckend wie wenig Menschen sich ihrer Stärken und Talente bewusst sind. Hingegen können sie bis ins letzte Detail ihre Schwächen aufzählen. Dabei sollte in jeder Lebensgrundlage der Fokus auf den Stärken liegen, auf das was bestärkt.

Frage dich: Kennst du deine Stärken? Bist du dir ihrer bewusst? Weißt du was du besonders gut kannst? Wo deine Talente liegen? Worin unterscheidest du dich von anderen Menschen?

Hat dir diese Übung aufgezeigt, dass du in der eigenen Unwissenheit tappst? Du kennst deine eigenen Stärken nicht und weißt nicht recht, was dich von anderen Menschen unterscheidet? Falls dem so ist, dann probiere folgendes aus:

1. Schritt: Frage, was andere an dir schätzen.

Welche Eigenschaften und Stärken mögen sie an dir? Welche deiner Charakterzüge finden sie besonders toll?

Was schätzen sie an dir? Womit würden sie dich betrauen?

Es ist immer wieder ein großes Geschenk zu erfahren, was andere Menschen über einen denken. Natürlich befragst du wirklich nur Personen, die du schätzt und respektierst. Vorzugsweise wählst du Menschen aus deinem Freundes-, Arbeits- und Familienkreis. Achte darauf, dass Familienmitglieder eventuell etwas voreingenommen sind, währenddessen gute Freunde dich von einer neutraleren Perspektive sehen.

2. Schritt: Welche Aktivitäten gehen dir leicht von der Hand?

Sicherlich hast du bemerkt, dass du gewisse Dinge schneller und leichter erledigen kannst als andere. Was für Tätigkeiten sind diese? Notiere jene Aktivitäten, welche dir keine große Mühe macht.

Gerade Dinge die dir leichtfallen - wie zum Beispiel das Basteln - ist ein Hinweis darauf, dass ein Talent, eine Begabung verborgen ist. Beobachte dich dabei selbst und erkenne, worin du gut bist.

Diese Eckpunkte gilt es von dir auf den Punkt gebracht zu werden. Das ist eher schwierig, denn Dinge die uns selbst leichtfallen, sind nichts Besonders für uns. Andere mögen uns für diese Fähigkeit bewundern. Somit sind die Befragungen des Außen (Schritt 1) und das eigenen Hinterfragen (Schritt 2) eine gute Kombination, dass dir wertvolle Erkenntnisse liefern werden. Was nimmst du mit?

Karriere ist nur was für harte Frauen…

Bringen wir es auf den Punkt. Obwohl wir uns im einundzwanzigsten Jahrhundert befinden, ist in vielen Ländern weder die Gesellschaft noch die Wirtschaft darauf fokussiert, Frauen die große Karriere als Unterstützung zuzugestehen.

Statistiken in den westlichen Ländern bestätigen, dass die Frauenquote in Firmen nach wie vor sehr niedrig ist. Zudem verdienen Frauen für die gleiche Arbeit durchschnittlich weniger als ihre männlichen Kollegen. Dabei ist es erwiesen, dass Frauen mit ihren weiblichen Fähigkeiten besser in Multi-Task-Funktionen, schneller und effizienter im Entscheiden und zudem um einiges belastbarer als ihre männlichen Kollegen sind. Trotz all dieser Faktoren sind in den Firmen durchschnittlich wenige Frauen in höheren Positionen. Derweilen arbeiten Frauen härter um die Karriereleiter aufzusteigen, nehmen viel mehr Entbehrungen in Kauf und bleiben konsequent fokussiert, wenn es um das Erreichen ihres Zieles geht. Nicht selten wird einer beruflich erfolgreichen Frau – von Männern und Frauen gleichwohl – mit vorgehaltener Hand das eine oder andere Schäferstündchen zugesprochen, dem Gedanken folgend: *"Wie hätte sie sonst so erfolgreich sein können?"*

Viele Frauen wünschen sich insgeheim eine Karriere. Wünschen sich ein eigenes Unternehmen zu gründen, sich zu etablieren, anderen Frauen ein Einkommen zu ermöglichen und Sicherheit für sich und die Familie zu gestalten. Das sind klare Visionen die Frauen tief in ihrem Herzen tragen, aber… leider – zumeist - nicht ausleben. Leider für sich und für die anderen Frauen, die dadurch ihre Chancen auf ein besseres Leben verwehrt wird.

Warum ist das so? Trotz der intensiven Emanzipationsbewegung bei der sich tausende von Frauen für die Frauenrechte einsetzten, liegt eines der Probleme bei den Frauen selbst. Der Fokus der Frauen ist stark auf das Wohl der anderen Menschen gerichtet und dabei vergessen die Frauen den eigenen Ruf nach Selbstverwirklichung zu folgen. Zahlreiche Frauen versuchen

Ehemann, Kinder und Beruf unter einen Hut zu bringen. Ich ziehe ehrfürchtig meinen Hut vor diesen Damen die all ihre Energie darin setzen! Einigen gelingt es, dass die Ehe erhalten bleibt, die Kinder gut erzogen groß werden und sie sich beruflich ausleben können. Der Preis dafür ist groß! Diese Frauen haben keine Zeit für sich und hetzen von einem Termin zum anderen. Dabei leidet ihre Gesundheit und Psyche, was nicht selten zum Burn Out führen kann. Ein weitverbreitetes Phänomen!

Zudem gibt es viele Frauen um die 50 Jahre die vor der Situation stehen, dass sie entweder schlecht bezahlte Teilzeitarbeit angenommen hatten oder seit der Geburt ihrer Kinder nicht mehr für die Wirtschaft gearbeitet haben, um ihren Kindern die volle Aufmerksamkeit zu schenken. Ebenso bin ich vielen Frauen begegnet, deren Partner nicht damit einverstanden waren, dass sie nebst der Mutterrolle ihre beruflichen Ambitionen ausleben konnten. Diese Unstimmigkeit führt nichtselten über kurz oder lang zu einer Trennung. Das Ergebnis bei einer Trennung ist dabei stets dasselbe: Ohne langjährige auf sich aufbauende Berufserfahrungen werden diesen Frauen nur bedingt in der Wirtschaft Möglichkeiten gegeben, um sich zu rehabilitieren.

Was heißt dies? Es ist wichtig, dass du weißt, was du willst! Dass du deinen Ruf hörst und folgst, der in dir nach Ausleben, Verwirklichung schreit. Es gilt diesen Ruf wahrzunehmen und auszuleben. Das mag der Ruf nach dem Leben der erfüllten Mutter sein oder der Gattin, die ein nur um das Wohl ihres Gatten bemüht ist. Es gibt kein richtig oder falsch. Wichtig ist, dass du als Frau spürst, wohin es dich zieht und was dir gut tut.

Nicht zu unterschätzen ist, dass sich die Bedürfnisse je nach Alter verändern. Es ist eines das Muttersein mit Kleinkindern zu 100% zu leben, auszukosten und zu genießen. Wenn die Kinder in ein Alter kommen, wo die Fürsorge der Frau nicht mehr 24 Stunden/Tag vonnöten ist, erlaube dir kritisch den inneren Blick. Frage dich, was nebst deiner Mutterrolle für weitere Bedürfnisse in dir schlummern?

Gönne es dir gänzlich Frau zu sein! In dir stecken viele Talente und Fähigkeiten. Diese gilt es am Schopfe zu packen und zu deinem Wohl sowie zum Wohle aller Menschen aufzugreifen und deinem inneren Ruf entsprechend in die Tat umzusetzen. *Frau-Sein* heißt unter anderem die vielen Facetten die du als Frau in dir trägst zu leben. Was lernst du? Was nimmst du mit?

FAZIT

Ich kann doch meine Familie nicht alleine lassen

Oft höre ich bei Gesprächen mit Frauen den Satz fallen: *„Ich kann meine Familie doch nicht alleine lassen…".* Doch das kannst du! Gerade Frauen die Kinder bekommen, neigen zu diesem Ausspruch und sind in der Falle ihres Verantwortungsgefühls. All jenen Damen möchte ich aus tiefem Herzen sagen, dass ihr das sehr wohl könnt. Bevor du als betroffene Mutter und Frau aufschreist, möchte ich hinzufügen, dass das *„alleine lassen"* nicht gleich bedeutet, dass du auf Weltreise gehen sollst und tatsächlich deine Familie samt Kleinkinder für längere Zeit alleine lässt.

Viele Frauen beschäftigen sich viel zu wenig mit sich selbst. Sie schenken all ihre Zeit und Aufmerksamkeit ihrer Familie, ihren berufstätigen und gestressten Mann, ihren mit Aktivitäten vollgestopften Kindern und anderen Familienmitgliedern, die von gesundheitlicher Beschwerden ihren täglichen Arbeiten erschwert die Hilfe der Schwiegertochter oder Tochter gerne annehmen.

Was bleibt? Eine Frau, die von einem Termin zum anderen hetzt. Als Taxifahrerin im Dauereinsatz für ihre Kinder agiert, die tägliche, wöchentliche Terminplanung ihrer Kinderschar gänzlich im Griff hat, als Vereinsmitglied für die alljährliche Durchführung der Events sorgt und - natürlich nicht zu vergessen - den Familienurlaub von A bis Z und operativen Durchführung – inklusive Packen der gesamten Koffer – bestens plant und umsetzt.

Wo bleibst du dabei als Frau? Erkennst du dich? Ja du bist der

Familienmanager der alles im Griff hat. Wie jeder Manager solltest du der Außenwelt (deiner Familie etc.) klar kommunizieren: **Bin in einem Meeting!** In einem Tête-a-Tête mit einer dir wichtigen Person:

Dir selbst!

Gönne dir täglich mindestens 1 Stunde, die du ganz alleine mit dir verbringst. Nur mit dir. Nicht mit Facebook, nicht mit deinem Handy, nicht mit einer Freundin, sondern ganz alleine mit dir und mache diese zu deiner *„Tête-a-Tête Zeit"*.

Nimm in dieser Tête-a-Tête Zeit dein Glücksjournal (*Seite 155*) zur Hand und denke über dein Leben nach.

- Was sind deine Ziele?
- Was hast du heute zum Erreichen deiner Ziele getan?
- Wofür bist du dankbar?

Du bist der wichtigste Mensch in deinem Leben auch als Ehefrau und Mutter. **Du bist es dir wert, dass du dir täglich 1 Stunde gönnst.**

Nutze dies indem du in die Natur gehst, dich mit deinen Wurzeln verbindest, um deiner inneren Stimme Raum gibst. Du wirst dabei auf deine Fragen Antworten bekommen.

Plane deine Tête-a-Tête Zeit fix in deinen Tagesablauf ein. Kommuniziere dies mit deiner Familie. Teile ihnen mit, dass dir diese Zeit sehr wertvoll ist. Stelle den Anspruch, dass dich deine Familie in dieser Zeit nicht stört. Dabei ist eine offene Kommunikation wichtig. Du wirst sehen, dass dir diese Zeit viel bringen wird. Dein Geist, Herz und Seele finden zueinander und werden dir wertvolle Botschaften für deine nächsten Schritte zur Selbstentfaltung schicken. Vertraue darauf!

Wann beginnst du mit deiner Tête-a-Tête Zeit? __________

Die 5 wichtigsten Erkenntnisse & Leitsätze aus diesem Kapitel sind:

Wie viel Geld trägst du bei dir?

Über Geld zu sprechen ist in vielen westlichen Kulturen ein Tabu. Hingegen ist es schier ein Muss seinen Reichtum in Form von Dingen zu präsentieren. Die internationale Werbung zielt darauf ab, dem Manne das Gefühl zu geben, dass er mit einem 300 PS starken Auto seine Männlichkeit um einiges unterstreicht und hervorhebt. Auch wir Frauen lassen uns von internationalen Frauenschönheiten und den kreierten Düften verführen und kaufen diese für teures Geld. Dabei gilt das Motto: Zeige, dass du Geld hast, auch wenn du keines hast. Geld zu haben ist sexy. Geld zu haben, lässt einen in den oberen Reihen mitspielen. Von wegen Geiz ist geil. Das Gegenteil ist der Fall!

Ich bin in einem Umfeld aufgewachsen, wo nicht über Geld gesprochen wurde. Entweder man hatte es oder eben nicht. In der Schule wurde die Wertigkeit eines einzelnen Kindes durch den beruflichen Stand des Vaters bestimmt. War dieser ein Bauer, fiel das Kind auf eine untere Stufe. Übten die Väter und Mütter eine Amtstätigkeit aus, hob dies die Wertigkeit enorm an. Die oberste Stufe belegten eindeutig Kinder aus dem Unternehmertum.

Ich schmunzle heute über diese Wertigkeit. Andererseits ist es tatsächlich so, dass Menschen ihren eigenen Wert nach wie vor nach der Bewertung der Außenwelt als geltend abtun. Dabei spielt das Geld eigentlich nur eine unterschwellige Wichtigkeit und ist doch gleichzeitig weisend. Damals wie heute!

Wie stehst du zu Geld?
Wie wir bereits im Vorfeld festgehalten haben, spielt es grundsätzlich keine Rolle, was andere denken und von uns halten. Auf dies hast du keinen Einfluss. Es kostet zudem viel zu viel Energie deren Meinung zu ändern, indem du Aufklärungsarbeitet leistet. Nutze stattdessen lieber deine Energie, indem du dich auf dich, dein Denken und Handeln konzentrierst. **Darauf hast du zu 100% Einfluss.**

Somit frage dich: Wie stehst du zu Geld? Findest du Geld cool? Stehst du drauf? Liebst du Geld? Riechst du gerne Geldscheine? Trägst du gerne viel Geld bei dir? Überleg nicht lange, sondern schreibe intuitiv deine Gedanken dazu nieder.

———————————————————————————————

———————————————————————————————

———————————————————————————————

Nun hast du auf den Punkt gebracht, wie deine Einstellung zu Geld ist. Bist du über das Ergebnis überrascht? Was denkst du über dich, nachdem du dies schwarz auf weiß festgehalten hast?

———————————————————————————————

———————————————————————————————

Viele Menschen stehen dem Geld sehr zwiegespalten gegenüber. Sie brauchen es aus der Notwendigkeit her die täglichen Kosten damit zu bezahlen. Aber mögen? Ja - gar lieben?

Als ich zum ersten Mal nach außen kundtat, dass ich Geld liebe, wurden mir unverständlichen, ja gar argwöhnischen Blicke zugeworfen. *„Wie kannst du Geld lieben…?"* wurde ich zudem kritisch und doch neugierig zugleich gefragt. Genau da liegt der Grundstein unseres Denkens. Wir Menschen assoziieren das Geld nicht als Sache an sich, sondern eher als Notwendigkeit, das meist in zu geringer Form in unserem Leben vorhanden ist. Als etwas das wir brauchen um unsere Miete zu bezahlen und gegebenenfalls uns den Urlaub zu gönnen. Aber mehr? Sogar das Geld lieben? Nein! Wir lieben Menschen, Tiere und Natur aber doch nicht Geld?

Dabei ist Geld im Vergleich zur Natur ein und dasselbe. Wie das? **Ja, denn Geld ist eigentlich nur eines und zwar Energie!** So wie der Baum und die Bäche ganz klar pure Energie sind, ist auch Geld einzig und allein Energie in Form von Atomen. Atome die gebündelt in unserer Wahrnehmung als Geld identifiziert werden. Genauso wie das Meer, der Himmel und die Sonne.

Geld als Energie zu erkennen und anzunehmen, ist der erste Schritt es in vermehrter Form zu erhalten. Sich mit Geld und dieser strömenden Energie auf eins zu stellen, ist jener Schritt den es bedarf, um die Strömung dieser Energie in eine neue Form zu bringen.

Wie stehst du dazu, das Geld einzig nur Energie ist?

____

Asche, Kohle, Kröten und Knete...

Sehen wir uns mal an, wie wir über das Geld im Allgemeinen sprechen. In der deutschen Umgangssprache haben sich dazu zahlreiche anderweitige Ausdrücke wie Asche, Kohle, Kröten und Knete gefunden, die wir lässig und cool im Ausdruck für Geld verwenden. Sogar in den Wörterbüchern finden sich diese Wörter in dem Verständnis zu Geld wieder.

Was haben all diese Ausdrücke gleich? Erkennst du es?

Die Betitelungen tragen in der Sinnhaftigkeit und im Zusammenhang mit Geld einer eher bitteren, ja gar negativen Bedeutung. Sieh mal: Die Kohle dient zum Verbrennen woraus wieder Asche entsteht. Was machen wir mit Asche? Wir schmeißen diese weg, sprich wir entsorgen diese. Wenn wir somit sagen *„Gib mir die Kohle..."* sprechen wir – wenn auch unbewusst - über das Geld dem Sinne, dass wir es verbrennen wollen. Wir verheizen es, geben es aus. Es wird zur Asche.

Wie steht es mit der Kröte? Ein paar Kröten zu haben, ist in der Umgangssprache ein Synonym dafür, wenig Geld zu besitzen. Dabei bezieht sich dies im niederdeutschen Wort *„Groten"*, das Groschen bedeutet. Objektiv betrachtet wird die Kröte von den meisten Menschen als ein hässliches Tier gesehen. Im Gegensatz zu anderen Reptilien wird eine Kröte eher nicht als Haustier gehalten. Stattdessen geht der Mensch den Kröten aus dem Weg. Sei dies auf der Straße oder in der Natur.

Das heißt: Wenn wir in der Umgangssprache diese Wörter für Geld wählen, wie etwa: *„Ich brauche dringend mehr Kohle, da nächstens eine satte Autoreparaturrechnung ins Haus flattern wird…"*, drücken wir statt unserer Intention – ich brauch dringend mehr Geld - unsere ganz persönliche Einstellung zum Geld an das Universum wieder. *Geld ist pure Kohle*, was gleich bedeutet heißt: Es gilt es einzig nur zu verbrennen. Wir verbrennen sozusagen jedes Mal aufs Neue allein durch die Benutzung dieser Worte die Energie von dem Geld. Automatisch entfernt sich somit das Geld von uns.

Und das völlig unwissentlich! Wir merken gar nicht, dass wir so über das Geld sprechen. Unverblümt übernahmen wir diesen Gebrauch der Wörter als Teil unserer deutschen Umgangssprache.

Als mich mein Coach auf meinen verbalen Gebrauch dieser Wörter in Zusammenhang mit Geld aufmerksam machte, konnte ich es nicht fassen. Mir war bis zu diesem Zeitpunkt nicht aufgefallen, wie tief verwurzelt diese Wörternutzung in meinem alltäglichen Sprachgebrauch in der Konstellation mit Geld war. Seitdem achte ich sehr bewusst auf meine Wortwahl und nenne diese Energie als das was es ist: **Von mir wertgeschätzte und willkommene Energie namens Geld!**

Hinterfrage deine eigene Wortwahl: Wie ist das bei dir? Wie benennst du das Geld in deiner üblichen Umgangssprache?

Fiel es dir schwer deine Wortwahl zu eruieren? Ja? Dann versuche folgendes: Nimm das Gespräch auf, dass du mit einer Freundin oder Partner über Geld führst. Höre dir das Gespräch an und du wirst dich dabei akustisch *„ertappen"* wie du über Geld sprichst. Frage dich: Spreche ich abwertend oder wertschätzend über Geld?

Das jüdische Volk ist für ihre sehr gute Geldwirtschaft und Geldhandhabung bekannt. Dies zeigt sich auch in deren Sprache, wo das Geld in dem nährenden Wort *Kies* betitelt wird, das für Beutel steht. In Latein ist das Wort *Moneta* – Münzstätte – überliefert. Aus dieser Sprachform ist das englische Wort für *Money* überliefert.

Frage: Welche Betitelung wirst du somit für Geld verwenden?

Was ist dein Fazit daraus? Was hast du gelernt? Ab wann wirst du das Geld als das benennen was es ist: **GELD, pure Energie!**

Frauen verdienen weniger als die männlichen Kollegen

Es ist in unserer westlichen Gesellschaft nach wie vor üblich, dass Frauen vielmals weniger als ihre männlichen Kollegen verdienen. Eine Tatsache, derer sich alle bewusst sind. Das Interessante dabei ist, dass es meist die Frauen selbst sind, die diesem System zustimmen und weiterhin brav ihrer Arbeit nachgehen. Darauf baut die Wirtschaft und Gesellschaft auf. Frauen sind grundsätzlich darauf gepolt, dass Harmonie und Frieden herrscht. Bloß keinen Unfrieden herbeirufen stattdessen auf eigene Kosten das Übel – wenn auch nicht gutgeheißen - dem Frieden vorziehen.

In meiner Funktion als Geschäftsführerin arbeite ich für ein internationales Unternehmen, dass ebenso wie ich die Meinung vertritt, dass Frauen das gleiche Recht und dasselbe Gehalt als ihren männlichen Kollegen verdienen sollten. Ich unterstütze dies sehr und motiviere andere Betriebe und Kollegen dies gleichzutun. Ich tue dies ganz nach dem Motto, dass ich in meinem ganz individuellen Bereich Veränderungen und neue Sichtweisen herbeiführen kann. Wenn jeder dies in seinem Bereich tun würde, wird die Welt – besonders für Frauen – zu einer anderen werden.

Diese Zeilen sollten allen Frauen - gerade in höheren Positionen - dazu motiviere, diese Denkungsart anzunehmen. Es liegt an uns Frauen selbst die Stellung der Frauen mit unserem Agieren, unserer Überzeugung und unserem Zutun positiv zu verändern, sodass Frauen in aller Welt davon profitieren können. Je mehr Frauen dies tun desto schneller wird diese Situation sich zum Besseren für alle Frauen dieser Welt ändern.

Überlege dir explizit was du in deinem Umfeld tun kannst um dies zu unterstützen? Unterschätze deine Möglichkeiten nicht.

Der Gedanke ist der erste Schritt dazu. Der zweite ist diesen in die Tat umzusetzen. Beginne heute damit die Samen dafür zu setzen.

Zu welchem Preis verkaufst du dich?

Dieser Titel allein sorgt bei vielen Frauen für ein gewisses Unwohl. *„Sich Verkaufen…"*, das geht doch nicht! Automatisch kommt der bittere Beigeschmack von Prostitution auf. Allerdings können wir nach wie vor von dieser ältesten Berufsparte lernen. Dabei galt und gilt klar das Motto: Ohne Entgelt kein Dienst!

Hand aufs Herz: Wie oft tun wir Frauen Dinge und Arbeiten ohne eine adäquate Entlohnung zu erhalten? Man blicke nur auf die fleißigen Hausfrauen und Mütter, die dies mit ihrem 24 stündigen vollgestopften Arbeitstag unter Beweis stellen. Die Gesellschaft gebührt diesen Damen nur bedingt die Ehre und Respekt.

Dies führt dazu, dass Frauen sich nicht dem ihren adäquaten Preis entsprechend anpreisen und verkaufen. Sobald es bei einem Vorstellungsgespräch darum geht ihren Preis zu nennen, schämen sich die meisten Frauen ihre Vorstellung preiszugeben. Was passiert? Sie verkaufen sich weit unter ihrem Wert. Dabei erledigen sie ihre Aufgaben mit mehr Herzblut und Engagement als zwei Männer zusammen und sind zudem die letzten die nach Minuten abrechnen.

Was meine Damen läuft hier falsch?
Es liegt an der unterbewerteten eigenen Selbsteinschätzung, die dabei im Wege steht. Nur wenn Frauen an sich und an ihre Fähigkeiten glauben, können sie sich entsprechend *„verkaufen"* und *„anpreisen"*. Bloß nicht zu bescheiden sein, meine Damen!

Für wie viel preist du dich in der Wirtschaft an? Ist dies deiner Ausbildung, deinem Wissen analog? Welcher Wert ist gerecht?

____

Oder anders gefragt: Wie viel würdest du gerne verdienen?

____

Es ist gut, dass du dies nun ausgesprochen hast. Wie weit entfernt ist deine Wertvorstellung von der Realität? Es wird in unseren hiesigen Schulen und Universitäten sehr viel gelehrt - von Mathe bis hin zu Schreiben. Allerdings fehlt ein entscheidendes Fach: **Selbstwertgefühl aufbauen!**

Dein Selbstwertgefühl - wie das Wort schon in sich trägt - entscheidet über deine Einstellung zu deinem eigentlichen **WERT**.

74

Dein Selbstwert spiegelt sich in deinem Preis

Du selbst weißt am besten, wie viel du wert bist. Aber Frauen neigen dazu ihren eigenen Wert unter den Scheffel zu stellen. Genau da liegt das Problem. Während die Männerwelt sich in vielen weitaus mehr aus dem Fenster lehnt, tun Frauen eher das Gegenteil.

Wie hoch schätzt du dein Selbstwertgefühl auf einer Skala von 1 bis 10 ein, wobei 1 die tiefste und 10 die höchste Zahl ist:

____

Sei dir gewahr meine liebe Kollegin, dass diese von dir genannte Zahl weit unter deinem eigentlichen Wert liegt. **Du bist ein enorm wertvoller Mensch, mit unglaublichen Fähigkeiten und Talenten.**

Lass dieses Wissen, diese Kenntnisse aus dir raus! Wie soll dein Umfeld davon wissen, wenn du es dir selbst nicht eingestehst? Wie im Vorfeld besprochen, ist alles unser Spiegel. Wenn ein tiefes Selbstwertgefühl die Person beherrscht, trägt dieser Mensch dieses mindere Wertzugeständnis nach außen und ist für alle sichtbar.

Insofern gilt es an deiner eigenen Wertvorstellung und -Wissen zu arbeiten, sodass du es nach außen tragen kannst und dies entsprechend gesehen und anerkannt wird. In dem eigenen Verständnis unserer Selbst und unseres Wertes liegen uns Steine im Weg. Sie erschweren unseren Verkauf und somit nehmen wir in Kauf, dass wir uns unter unserem Wert auf dem Weg machen.

Diese Steine setzen sich aus verschiedene Faktoren zusammen. Dies sind negative Erfahrungen die wir gemacht haben und sich in unserem Denken als förderlich oder hinderlich verankert haben. Ebenso sind die Glaubenssätze – positive wie negative – entscheidend. Diese flüstern uns unentwegt zu und bestimmen dadurch unseren Alltag entscheidend mit.

Welche Glaubenssätze sind deine Klammeraffen?

Unser Denken und Handeln wird von sogenannten Glaubenssätzen geleitet. Glaubenssätze sind Gedankenmuster, Programme und Überzeugungen welche wir uns im Laufe unseres Lebens aneignen. Dabei unterscheiden sich diese in positive Glaubenssätze und negative. Zum Beispiel lautet ein negativer Glaubenssatz *„Ich bin viel zu schwach um einen Marathon laufen zu können"*, während ein positiver Glaubenssatz wie folgend lautet: *„Ich schaffen alles."*

Während uns positiven Glaubenssätze in unterstützender und förderlicher Form beistehen, bewirken die Negativen genau das Gegenteil. Zumeist entstehen diese Glaubenssätze in der Kindheit und manifestieren sich. Im Tiefen, im Geheimen agieren diese Gedankenmarionetten und beeinflussen indirekt direkt unser Denken und Handeln. Meine Recherchen dazu führten mit auf die 10 TOP limitierenden negativen Glaubenssätze (*Quelle www.flowfinder.de*):

1. Ich bin nicht … genug (schlau, gebildet, schön, stark etc.).
2. Es ist wichtig, was andere von mir denken.
3. Ich habe es nicht verdient.
4. Ich bin zu alt (jung, unerfahren etc.).
5. Ich könnte scheitern.
6. Es braucht Geld, Glück oder Beziehungen um Geld zu machen.
7. Ich habe schon alles versucht.
8. Ich hatte und habe nie die Möglichkeit.
9. Ich habe keine Zeit.
10. Ich bin ein Opfer meiner Umstände.

Die wenigsten Menschen sind sich ihrer Glaubenssätze tatsächlich bewusst. Vor Jahren hatte ich für mich klar entschieden, dass ich meinen Glaubenssätzen auf die Spur kommen möchte, um zu sehen, welche Programme und Muster mich da tagtäglich in die Mangel nahmen. Somit lag es an mir herauszufinden, welche Glaubenssätze sich da in mir zusammengebraut hatten, sodass ich anschließend die Streu vom Weizen trennen konnte.

Wie sieht das nun bei dir aus?
Kennst du deine Glaubenssätze? Welche fördern und welche hemmen dich? Gerne lade ich dich ein, darüber nachzudenken und

diese hier niederzuschreiben. Denke daran: Es ist keine Wertung, sondern eine Betrachtung, Scannen deines Denkmusters. Wir versuchen dein Gedankenmuster auf die Schliche zu kommen.

Überleg dir, welche Sätze, Meinungen dich in Gedanken immer wieder hochkommen. Welche Meinung hast du von dir selbst? Was denkst du, wenn du in dein Spiegelbild blickst? Was hast du als Kind immer wieder gehört? Schreib dazu nieder, was dir einfällt:

____

____

Fiel dir diese Übung leicht? Oder ging es dir wie vielen Menschen denen ihre Glaubenssätze nicht bewusst sind. Stell dir vor, als ob diese negativen Glaubenssätze wie unsichtbare, hartnäckige Klammeraffen an dir haften. Ohne diese bist du viel besser dran. Geh somit auf *Seite 76* und *Seite 173 „Typische negative Glaubenssätze"* und lies dir die aufgelisteten negativen Glaubenssätze durch. Nun frage dich: Welche dieser Glaubenssätze kommen dir immer wieder hoch? Was wiederholt dein Teufelchen in dir ständig? *Du bist nicht gut genug? Du bist…. nicht? Du kannst… nicht?*

____

____

Auf den nächsten Seiten zeige ich dir, wie du diese Glaubenssätze ins Positive umwandeln kannst und dich diese positiven Programme fortan fördern werden. Dazu musst du allerdings drei deiner – im Vorfeld eruierten - negativen Glaubenssätze herauspicken, die du unbedingt loswerden möchtest. Diese benötigen wir sodann für den Auflösungsprozess.

Welche 3 negativen Glaubenssätze möchtest du loswerden?

1. ____

2. _______________________________________

3. _______________________________________

Verabschiede dich schon mal in Gedanken von diesen negativen Klammeraffen von denen du dich nächstens lösen wirst.

Welche Glaubenssätze in Bezug auf Geld trägst du mit dir herum?
Nun geht es darum herauszufinden, welche Glaubenssätze du in Bezug auf Geld hast. Danach richtet sich deine materielle Situation und legt vor, ob du viel Geld in deinem Leben hast oder wenig.

Als ich begann mich mit diesem Thema zu beschäftigen, fand ich zu meiner eigenen Überraschung heraus, dass ich den Glaubenssatz _„Geld ist schmutzig"_ in mir herumtrug. Tatsächlich ertappte ich mich dabei, dass ich jedes Mal, wenn ich Geldnoten in meinen Händen trug sofort meine Hände wusch. Was glaubt ihr tat das liebe Geld – das ja pure Energie ist - sobald es sich mir näherte?

Energie wird angezogen von Energie wie ein Magnet.

Bei mir spürte damals die Geldenergie, dass es sobald ich es in meine Hände gelangte den Wassertrog hinunter gespült wurde.
Erkennt ihr die Schwere dieses Denkens? Glaube mir, es war mir gänzlich unbewusst. Ganz im Gegenteil. Ich dachte bis dahin, dass ich alles förderlich tat, sodass Geld sich bei mir wohlfühlte. Dabei tat ich mit meinem Denken und dem daraus entstandenen Handeln genau das Gegenteil. Nachdem ich davon erfuhr, sprach ich meine Mutter darauf an und sie erklärte mir: _„Du hast als Baby die Münzen verschluckt..."_. Da war es! Ich war schon von klein auf ein Geldschweinchen! Ich fand diesen Gedanken hervorragend. Meine Mutter allerdings fand dies - wie jede Mutter in dieser Situation - nicht so toll. Sie tat, was alle Mütter tun würden. Mir erklären, dass man kein Geld in den Mund nahm und dabei entstand der Glaubenssatz _„Geld ist schmutzig..."_.

Wenn du deine finanzielle Situation ändern möchtest, musst du deinem Sparschweinchen in dir Raum geben. Dazu müssen die nervigen Klammeraffen vorerst geortet und entfernt werden.

Wie ist deine Einstellung zu Geld? Was denkst du, wenn du einen Reichen siehst? Welche Gedanken kommen dir in den Sinn? Was fühlst du, wenn du 1000 € Scheine in den Händen hältst? Suche dir aus der Liste *„Negative Glaubenssätze für Reichtum, Wohlstand und Geld"* (*Seite 175*) deine Glaubenssätze heraus.

____

____

Nun weißt du, welche negativen Glaubenssätze du in Bezug auf Geld mit dir herumträgst. Super! Du bist einen enormen Meilenstein vorkommen. Denke daran, dass eine Hälfte des Weges das Erkennen ist. Dieser Schritt ist viel wert. Unterschätze dies nicht!

Wie wandelst du deine negativen Glaubenssätze in Positive um?
Nachdem du weißt, welche allgemein negativen Glaubenssätze an dir haften, geht es nun darum diese ins Positive umzuwandeln. Wie gehst du nun vor? Ich bitte dich, aus der von dir ausgefüllten Liste zum Thema *„Negative Glaubenssätze in Bezug auf Geld"* drei zu auszuwählen, die du loswerden möchtest.

	Negativer Glaubenssatz	**Positiver Glaubenssatz**
1.	_______________________	_______________________
2.	_______________________	_______________________
3.	_______________________	_______________________

Nun kehren wir diese Glaubenssätze ins Positive. Nehmen wir den Glaubenssatz: *„Geld ist schmutzig"*. Wie lautet der positiven

Affirmation dazu? *„Geld ist positive Energie.“*

Wandlungsprozess: Schreibe positive Affirmation auf 
mehrere A5 Karten oder Post-It. Nun legst du ein beschriftetes A5
Kärtchen ins Portemonnaie, hängst dir eines davon auf den
Badspiegel, klebst dir eines auf deinen Arbeitstisch und legst dir
eines ins Auto. Dadurch begegnest und liest du den neuen
Glaubenssatz immer wieder. Zudem schreibst du diesen in dein
Glücksjournal (*Seite 155*). Sobald du diesen neuen Glaubenssatz liest,
fühlst du in dich hinein, spürst wie dein ganzer Körper diese
positive, nährende Energie aufnimmt, wie ein jeder deiner Zelle diese
wunderbare Energie anzieht, ausfüllt und bedankst dich dafür.

> 1. Schritt: **Wähle einen deiner negativen Glaubenssätze.**
> 2. Schritt: **Wandle diesen Glaubenssatz ins Positive.**
> 3. Schritt: **Schreibe den positiven Glaubenssatz auf ein Kärtchen.**
> 4. Schritt: **Platziere diese Kärtchen an zahlreichen Orten.**
> 5. Schritt: **Lies dir diese Kärtchen mehrmals am Tag durch.**
> 6. Schritt: **Verbinde dich emotional mit dieser Energie.**
> 7. Schritt: **Bedanke dich für das Positive in deinem Leben.**

Führe diesen Wandlungsprozess mit all deinen negativen
Glaubenssätzen durch. Aber Vorsicht: Nimm dir immer nur einen
Glaubenssatz vor. Nicht zu viel auf einmal. Ganz nach der Regel:
Weniger ist mehr! Ich empfehle, dass du mit einem Glaubenssatz
beginnst und du die 21-Tage-Regel anwendest. D.h. innerhalb der
nächsten 21 Tage wirst du täglich ohne Unterbruch diesen
Wandlungsprozess an dem ausgewählten Glaubenssatz anwenden.

Was passiert nun? Du konfrontierst dein Denkmuster und
Körperzellen mit diesem neuen von dir gewählten Satz.
Du überschreibst somit deine Festplatte (dein Denken) mit
diesem neuen Inhalt - mit dem Satz *„Geld ist positive
Energie“*. Das bedarf Zeit. Bedenke seit Jahren - ja vielleicht
sogar Jahrzehnten - ist dein Denken auf das Gegenteil ausgerichtet.
Dein tägliches Lesen, Fühlen und Visualisieren bringt dich jeden Tag
dieser positiven Energie namens Geld näher. Das Bedanken ist dabei

ein essentieller Schritt der als entscheidender letzter Vorgang bei diesem Prozess dein zweifelfreies Vertrauen ausspricht. Dadurch wird sich dieser positive Glaubenssatz als dir förderlicher Magnet erweisen. Dazu mehr im Kapitel *„Dankbarkeit zeigen"* (*Seite 162*).

Gratulation! Du bist deinem Ziel einen entscheidenden Schritt nähergekommen. Was ist dein Fazit aus dieser Übung?

____

Wie kommst du nun zu mehr Geld?

Handle als reicher Mensch! Nachdem du nun deine nicht förderlichen Gedankenketten gesprengt hast und pure positive Energie in dich einfließen hast lassen - sozusagen dein Tor geöffnet hast – gilt es zu lernen, wie ein reicher Mensch zu handeln. Damit meine ich nun nicht, dass du mit Geld herumwirst und sinnlos ausgibst. Nein… Was ich meine ist folgendes:

Energie ist pure Energie das Seinesgleichen sucht.

Stelle es dir wie einen Magnet vor der Gleichgesinntes anzieht. Nach demselben Prinzip funktioniert es mit Geld. **Geld zieht Geld an!**

Was heißt dies nun für dich? Es gibt simple Methoden die du einsetzen kannst um zusammen mit deinen positiven Geldglaubenssätzen deine monetäre Energie ins Positive umzulenken. Nutze dazu folgende Tipps:

Tipp 1: Trage stets einen 500 € oder 1000 CHF-Schein bei dir
Nimm einen 500 €-Schein (oder 1000 CHF-Schein) und lege diesen sichtbar in dein Portemonnaie. Du wirst diesen immer bei dir tragen. Guten Gewissens. Jedes Mal, wenn du deine Geldbörse öffnest, erblickst du diesen Geldschein und sagst dir innerlich: *„Geld ist positive Energie. Mich zieht Geld an und ich ziehe Geld an. Danke!"*. Damit gibst du ans Universum die Botschaft, dass du ein Geldmagnet bist und entsprechend agierst.

Wenn du derzeit keinen 500 €-Schein zur Hand hast, beginne mit einen 200 €-Schein. Es muss eine für dich höhere Geldsumme sein.

Achtung: Löse dich von dem Gefühl der Angst! Statt zu fürchten dein Portemonnaie zu verlieren, lasse dein Vertrauen und Achtsamkeit dominieren. Ganz nach Dr. Joseph Murphys Gesetz – *Was dem Unbewussten als wahr übermittelt wird, wird wahr* - zieht dein sorgenfreies Mitführen dieser Summe Geld wie ein Magnet an.

Tipp 2: Ist das wirklich nötig?

„Die Kunst ist es nicht Geld zu verdienen, sondern es zu behalten." Diesen sehr wertvollen Satz wurde mir von einem weisen und wohlhabenden Menschen zugetragen. Seit vielen Jahren trage ich ein kleines Kärtchen in meinem Portemonnaie auf welchen die Frage steht: *„Ist das wirklich nötig?"* Jedes Mal, wenn ich in einem Geschäft an der Kassa stehe, blickt mich beim Öffnen meiner Geldbörse diese Frage an. Fakt ist, dass ich mich nach dem kritischen Hinterfragen zu 70% für den Nichtkauf entscheide. Dadurch gebe ich weniger aus und habe mehr!

Eine Vorlage des Kärtchens kannst du auf meiner Homepage www.creativita.cc herunterladen, ausdrucken und fortan in deinem Portemonnaie mitführen. So profitierst auch du davon indem du dein Kaufverhalten kritisch überprüfst.

Tipp 3: Wähle bewusst positiven Umgang

Der Spruch *„Zeige mir deine Freunde und ich sage dir wer du bist..."* sagt viel aus. Frage dich deshalb: Was für Freunde hast du? Wie ist dein Umfeld? Positiv oder eher negativ? Neigen diese Menschen zum Jammern oder erfreuen sie sich des Lebens? Sind deine Freunde Energie-Zieher? Oder strahlen diese vor Lebensfreude und Glück? Das Motto lautet: Statt dich mit passiven, negativen, energieziehenden Menschen zu umgeben, **ist es für dich nährender dich mit positiven, zielstrebigen und erfolgreichen Menschen zu umgeben.** Umgib dich mit Menschen die diese förderlichen Eigenschaften in sich tragen! Lasse Menschen ziehen, die das Gegenteil bewirken. Das bedeuten, dass du dich von Menschen trennen solltest, mit denen du seit Jahren befreundet bist. Bedenke: Wie viel mehr Energie dir fortan zur Verfügung steht.

Tipp 4: Beschäftige dich mit erfolgreichen Menschen

Lese Biografien von erfolgreichen Menschen. Wer sind deine Vorbilder? Recherchiere über deren Leben. Sieh dir Videos von diesen Personen an. Lerne von diesen erfolgreichen Menschen, die zu Magneten von Geld und Erfolg wurden und nähre dich daran. Lerne aus ihren Erfahrungen und Schritten.

Tipp 5: Führe kontinuierlich dein Glücksjournal

Das kontinuierliche Eintragen in dein Glücksjournal ist essentiell wichtig, da du dich täglich mit deinen Zielen konfrontiert und abcheckst, ob dich dein Kompass nach wie vor in die richtige Richtung führt. Dieses Ritual wird dir zudem aufzeigen welche Fortschritte du täglich machst.

Nimm dir deshalb diese Auszeit indem du deinen Tag repetierst und deine Ziele, Erfolge, Referenzpunkte aufzeigst und ebenso niederschreibst, wofür du dankbar bist.

Tipp 6: Integriere das kontinuierliche Spenden zu einem Ritual

In zahlreichen überlieferten Glaubensschriften ist das Spenden aufgeführt. In der heiligen Schrift der Bibel finden sich dazu folgende Worte: *„Gebt, dann wird auch euch gegeben* *werden. In reichem, vollem, gehäuften, überfließendem Maß wird man euch beschenken, denn nach dem Maß, mit dem ihr messt und zuteilt, wird auch euch zugeteilt werden." (Lukas Kapitel 6, Vers 38)* Erfolgreiche Menschen wie John D. Rockefeller, Marc Zuckerberg, Bill Gates und viele andere sind als großzügige Spender in die Geschichte eingegangen. Vielmals wird bei dieser Feststellung behauptet: *„Eh klar, die haben auch das Geld…"*. Aber alle drei genannten Personen sind Selfmade Millionäre die Spenden schon vor ihrem monetären Reichtum als kontinuierliche Handlung in ihr Leben integriert hatten. Wie etwa Rockefeller der schon als Kind damit begann 10% seiner Einnahme an bedürftige Menschen abzugeben. **Die Grundregel ist 10% von den Einnahmen zu spenden.** Falls dir dies zu viel erscheint, beginn mit einer kleineren Summe. Was zählt, ist dass du ab sofort von deinen Einnahmen bewusst an Bedürftige abgibst. Dabei handelst du nach dem Fakt:

Du zeigst mit deiner Spende, dass du genug hast!

Mit diesem Handeln weist du dich als Magnet des Geldes aus und dir wird entsprechend gegeben werden.

TIPP 7

Tipp 7: Nähre dich mit positiven Affirmationen

Am Ende des Buches habe ich eine Liste von *„Positive Glaubenssätze und Affirmationen für Reichtum, Wohlstand und Geld"* zusammengefasst. Wenn du diese bejahenden Sätze dir selber wieder und wieder sagst, helfen dir dies deine unbewussten Gedanken und Gefühle umzuprogrammieren. Nutze dazu dasselbe Karten System an, das ich auf der *Seite 80* beschrieben habe.

Tipp 8: Bleib motiviert und fokussiert

Dein Umfeld wird versuchen dich zu demotivieren, indem sie deine Aktionen und neu ausgerichteten Fokus ins Lächerliche

TIPP 8

ziehen. Anfangs stehen vielmals Menschen allem Neuen gegenüber skeptisch und argwöhnisch gegenüber.

Achtung: Das ist nicht deine Energie! Lass dich auf keinen Fall demotivieren! Im Gegenteil. Diese Aussagen sollten dich in deinem Bestreben bestärken. Erlaube keinem Menschen dich von deinen Entschlüssen, deinen Zielen und deinen gewählten Weg abzubringen. Es ist dein Weg! Es ist deine Entscheidung!

Diese (kleiner) Auszüge an Tipps werden dich in deinem Alltag unterstützen und dich in deiner positiven Energie weitertragen.

Dadurch wirst du mit unter zum Magnet für Geld.

Bedenke allerdings, dass diese Tipps kontinuierlich und konsequent umgesetzt werden müssen, sodass sie sich fest in dir verankern können. Das sind doch tolle Voraussetzung und Aussichten, nicht wahr?

Inwieweit wirst du diese Tipps beherzigen und in deinen Alltag integrieren? Per wann fängst du an? Triff jetzt eine Entscheidung und gehe sogleich in die Umsetzung.

FAZIT

Tipp: In meinem Buch *„Lust… auf Erfolg? Vom Au-pair zur Casino Direktorin in St.Moritz"* behandle ich dieses Thema intensiver. Darin finden sich weitere Tipps zu diesem Thema.

Die 5 wichtigsten Erkenntnisse & Leitsätze aus diesem Kapitel sind:

Spiritualität als Essenz des Glücks

Vielmals wird angenommen, dass die in unserer Zeit benutzte Begrifflichkeit *„Körper, Geist und Seele"* mit seinem Bestreben nach perfektem Einklang aus der asiatischen Kultur überliefert ist. Obwohl dies eigentlich so nicht ganz stimmt.

Schon in der Bibel und zahlreichen anderen überlieferten antiken Glaubensschriften sind der Geist und Seele präsent. Dabei werden der Geist und Seele im Gegensatz zum Körper gesetzt, der als stofflicher Teil des Menschen dargestellt ist. Die Seele ist die bewusste Individualität eines jeden, die u.a. in der Intuition seinen Ausdruck findet. Im Unterschied zu der Seele zeigen sich Geist und Körper als Sitz des Verlangens und des Wünschens. Diese entscheidenden drei Teile als Ganzes stimmig vereint, sind der Schlüssel zu Glück. Ganz nach dem Motto: *„Höre auf deinen Körper, fokussiere deinen Geist und folge deiner Intuition."* Wie passt da Spiritualität dazu?

Was hat es mit der Spiritualität auf sich?
Die Spiritualität ist ein tiefgreifendes Thema und in seiner Fülle enorm. Ursprünglich kommt das Wort aus dem Lateinischen – *spiritus* oder *spiro* – und steht für *Geist* und *Hauch* beziehungsweise *ich atme*. Ebenso lässt sich das Wort *Psyche* im Altgriechischen darin finden, was für Geistigkeit ist.

Das Internet ist voll mit zahlreichen Erklärungen zu diesem Thema, dass in unserer westlichen Welt vor allem von der Frauenwelt immer mehr an Bedeutung und Interesse gewinnt. Während im asiatischen Raum die Menschen schon seit zig Generationen die Spiritualität als unverzichtbaren Faktor in ihrem Leben integriert haben und dieses Wissen ihren Kindern weitergeben, ist dies bei uns noch ein sehr junges Thema. Das Interesse dazu wird mit vorgehaltener Hand kundgetan. Wer will schon als esoterische Tante abgestempelt werden?

Ich beschäftige mich schon lange mit diesem Mysterium namens Spiritualität. Gerade in meiner Tätigkeit als Reiseleiterin, wo ich in vielen unterschiedlichen Kulturen Erfahrungen sammeln durfte, wurde mir dieser Thematik näher gebracht. Sei dies anhand von Begegnungen, Gesprächen, Büchern oder von außergewöhnlichen Erlebnissen, deren Erklärung sich nicht mit Logik erklären ließe.

Was aber ist nun Spiritualität? Für mich bedeutet Spiritualität Dinge intuitiv wahrzunehmen, sprich diese auf seelischer-geistiger Ebene zu erfahren. Ein spiritueller Mensch strahlt eine ganz besondere Kraft aus, die sich unter anderem u.a. aus Integrität, Wärme und Mitgefühl zusammensetzt. Das sogenannte *„in sich ruhen, in seiner Mitte sein"* zeichnet diese Menschen aus. Keine Frage: In dessen Nähe fühlen wir uns wohl und umgeben uns deshalb gerne mit diesen Persönlichkeiten.

Da kommt automatisch die Frage auf: Wie erhalte ich diese Attribute und wie werde ich zu einem spirituellen Menschen? Ich habe mir dazu viele Gedanken gemacht, bei spirituellen Menschen hinterfragt und ein Buch nach dem anderem zu diesem Thema verschlungen. Aus dieser immensen Fülle an Wissen und Erkenntnissen habe ich für mich folgende Parameter für das *Spirituell-Sein* gefunden, die ich wie folgend zusammenfasse:

- **Achtsam mit sich selbst und dem Umfeld sein.**
- **Auf seine Herzensweisheiten hören.**
- **Mit gesundem Menschenverstand entscheiden.**
- **Die eigenen seelischen-geistigen Fähigkeiten sensibilisieren.**
- **Höheres Bewusstsein entwickeln.**
- **Mit sich und der Welt stets im Einklang sein.**
- **Selbstvertrauen aufbauen.**
- **Sich in Liebe mit jedem und allem verbunden fühlen.**
- **Gänzlich im JETZT leben & den aktuellen Moment zu leben.**

  …last but not least…

- **Glücklich sein!**

Ein großer Schritt sich seiner Spiritualität bewusst zu werden, liegt im bewussten Fokus auf die Gegenwart. Das JETZT ist das Ein und Alles. Nur im hier leben wir. Atmen wir. Das Gestern ist vergangen. Das Morgen ist noch nicht eingetreten. Hingegen ist das Jetzt real und findet genau in diesem Moment statt. In unserer schnelllebigen Zeit erscheint das Erleben des Moments am Schwierigsten zu sein. Ständig sind unsere Blicke in der Vergangenheit und die Planung auf die Zukunft gelenkt, sei dies im Privaten oder im beruflichen Leben.

Nimm deshalb diesen Parameter – bewusst im JETZT zu leben – mit in deinen Alltag und du wirst sehen, dass die Dinge eine andere Farbe und Energie erhalten. Du entscheidest, was du wie und vor allem auch WANN siehst.

FAZIT

Was ist deine Konklusion daraus? Wann beginnst du damit?

____

Glück ist nicht gleich Glück

Glück ist in unserer Sprache ein stark genutzter und viel herbeigesehnter Begriff. Wünscht auch du dir Glück?

Was bedeutet Glück genau?

Dabei gibt es zahlreiche Definitionen von Schriftstellern und Philosophen, die sich eingehend mit dieser Frage beschäftigt haben. So meint der bekannte Philosoph aus der Antike Aristoteles folgendes über das Glück zu sagen: _„Glück ist das vollkommene und selbstgenügsame Gut und ist das Endziel des menschlichen Handelns"_. Sein Denkerkollege Platon meinte dazu folgendes: _„Der Mensch kann nur dann glücklich sein, wenn die drei Teile der Seele, Vernunft und Wille/Begehren im Gleichgewicht sind."_

In der heutigen Glücksforschung (Aristoteles und Platon hätten ihre Freude daran) werden grundsätzlich zwei Arten von Glück unterschieden: Das **Lebens-Glück** und **Zufalls-Glück**!

Worin liegt der Unterschied?

Das **Lebensglück** setzt sich aus diversen Parametern zusammen wie Liebe, Familie, Freunde, Beruf, Freizeit, Aktivitäten und Finanzen. Das sind alles Faktoren, auf die der Mensch selbst Einfluss nehmen kann. Er entscheidet, mit wem er was in seiner Freizeit macht. Wie viel Geld er für den Urlaub ausgibt und so weiter. Zudem lässt sich Lebensglück in der Art und Form des Wohlfühlens feststellen, dass einem ein phantastisches, tolles Glücksgefühl gibt. Wie z.B. an einem tollen Abend im Kreise seiner Freunde zu verweilen oder wenn dein Kind dich anlächelt. Duden definiert das Lebensglück wie folgend: *„Erfüllung und Glücksempfindung im eigenen privaten Lebensbereich“*.

Bei dem **Zufallsglück** – wie der Name schon sagt – entscheidet der Zufall, ob einem das Glück hold ist oder nicht. Ist das tatsächlich so? Wer glaubt an Zufall, Bestimmung und Schicksal? Der Staat macht Millionen, indem mit satten Lottogeldpreisen gepriesen wird. Fakt ist: Zufallsglück kann nicht kontrolliert werden. Allerdings die Einstellung zu der jeweiligen Situation. Dazu gibt es die Optionen, willkommen und offen oder verschlossen und abweisend zu reagieren. Wer verschlossen agiert, nimmt das Zufallsglück als Störung an - ganz nach dem Motto: *„Bloß sein Glück nicht herausfordern.“* Personen, die dem Zufallsglück eher offen gegenüberstehen, sehen in ihnen Chancen und Herausforderungen. Ganz nach dem Prinzip: **Jeder ist seines Glückes Schmid!**

Glück bestimmt unser Leben und wir alle wollen so viel wie möglich davon haben. Hier ein paar Tipps für dich:

- **Gib dem Glück in deinem Leben eine Chance**
  Sei offen für Neues und nimm dazu eine mutige, neugierige und positive Haltung ein. Das Leben ist reich an Chancen!

- **Befreie dich von gesellschaftlichen Normen**
  Weg damit… Trenne dich von Normen, die wie Fesseln an dir hängen. Du willst was Neues machen (Beruf, etc.)? Fange heute damit an! Es ist dein Leben. Du bestimmst den Inhalt.

- **Suche nicht nach der Liebe**
  Vergeude keine Zeit des Zuwartens das Mr. Right bei dir anklopft. Genieße das Leben mit Freunden und dir selbst. Mr. Right wird dich attraktiver finden, wenn du vor Glück strotzt!

- **Lache über dich selbst**
  Der französische Komödiant, Louis de Funès brachte dies auf den Punkt: *„Lachen ist für die Seele dasselbe, wie Sauerstoff für die Lungen"*. Die Fähigkeit über deine eigenen Fehler und Missgeschicke zu lachen, ist wertvoll und macht dich locker. **Nimm dich selbst nicht so ernst, sondern mit Humor.** Ab sofort lachst du am Herzhaftesten über dich selbst… OK?

- **Genieß den Moment!**
  Wir Menschen neigen sehr dazu, mehrheitlich in der Vergangenheit oder in der Zukunft zu verweilen. Dabei wandern wir mit unseren Gedanken wie ein Pendel zwischen gestern und morgen ununterbrochen hin und her. Für unser Wohlbefinden ist es so viel wertvoller, dass Hier und Jetzt gänzlich zu erleben. Übe dich darin den Augenblick zu leben. Dadurch wirst du u.a. die Farben intensiver, den Wind kraftvoller und die Sonne strahlender erleben. Kurz um: Das Leben viel schöner erleben! Deshalb achte darauf:

Genieß den Moment bevor er zur Erinnerung wird.

Es liegt gänzlich in deinen Händen, wie du das Glück annimmst. Menschen die mit sich selbst im Reinen sind und dadurch die Fähigkeit der Glücksempfindung mit allen ihren Sinnen erleben, sind tolle Vorbilder!

Was nimmst du daraus mit? Was ist deine Konklusion?

FAZIT

Du bist was du denkst…
Hast du schon von ihnen gehört? **Den Gesetzen des Lebens…**

Ich weiß, Gesetz ist ein sehr strenges Wort und lässt in einem sogleich eine Spur von Trotz aufkommen. Allerdings stehen Gesetze dafür ein, dass die Sinnhaftigkeit in Stein gemeißelt ist und somit unerschütterlich ist. Das lässt sich bei den Gesetzen des Lebens gänzlich so bestätigen. Die Gesetze des Lebens sind klare Parameter nach der sich alles in uns und um uns dreht und richtet. Wir sind täglich mit diesen zahlreichen Lebensgesetzen in Kontakt. Allerdings nur selten uns dessen bewusst. Eines der Lebensgesetze und wohl das wichtigste Gesetz des Universums ist folgendes:

Gesetz der Ursache und Wirkung
Dieses Gesetz der *„Ursache und Wirkung"* ist ebenso als *„Gesetz der Anziehung"*, *„Karma-Gesetz"* und *„Kausalitätsgesetz"* bekannt.

Was sagt dieses Gesetzt aus?
Es sagt aus, dass im Universum nichts zufällig geschieht, sondern alles eine erkennbare Ursache hat. Jede Ursache folgt eine Wirkung. Gleichbedeutend: Jede Wirkung entsteht aus einer Ursache! Im Klartext heißt dies: **Auf die Weise wie wir etwas tun, werden wir es wieder zurückerhalten!** Wollen wir die Wirkung ändern, müssen wir die Ursache ändern. Dabei kommen mir folgende Sprichwörter in den Sinn:

Wie du in den Wald hineinrufst, so schallt es zurück!
Was man sät, das erntet man!

Das gleiche System tritt automatisch ein, wenn du am Morgen mit dem berühmten *„falschen Fuß"* aufstehst und wie ein Zombie durch den Tag siechst. Alles wirkt auf dich grau, die Menschen um dich nerven dich. Während dein Tag für dich immer schlechter wird und immer mehr graue Wolken sich bilden, wunderst du dich, was los ist. Wenn du hingegen mit einem Lachen und einem dankbaren, glücklichen Gefühl den Tag beginnst, die Welt vor Freude umarmst, wirst du wie ein Sonnenschein von den Menschen wahrgenommen. Freude und Wohlwollen kommt dir entgegen.

Was ist passiert?

Du entscheidest wie dein Tag verläuft. Bist du schlecht gelaunt, schreist du mit deiner Körperhaltung, Aura, Worten und Gedanken in den Wald hinein, wie mies dein Tag von dir wahrgenommen wird. Genauso wird dein Umfeld dir dies spiegeln. Grau und schlecht gelaunt. Du bekommst dies zurück.

Wenn du dich hingegen voller Freude, nährenden Gedanken und wohlwollender positiver Worte lebst, spiegelt sich das in deinem Außen, im Umfeld, im Beruf, bei deiner Familie, Freunde wieder.

Ist das nicht wunderbar? Das *Gesetz der Ursache und Wirkung* ist immer im Einsatz und wird von dir ganz alleine bestimmt in welche Richtung es sich wendet. Dies ist nur eines der zahlreichen Gesetze des Lebens. Auf meiner Homepage wirst du mehr zu den Lebensgesetzen nachlesen können.

FAZIT

Sei nun ehrlich zu dir. Wie nutzt du das *Gesetz der Ursache und Wirkung*? Bist du eher in grauen, trostlosen Gefilden unterwegs oder bist du als wahrer bunter kreativer Künstler deines Lebens unterwegs? Was lernst du für dich daraus?

Intuition, Bauchgefühl & der sechste Sinn

Die Intuition auch als Bauchgefühl und sechster Sinn bekannt, findet sich im ursprüngliche lateinische Wort *intuitio* wieder, was für *unmittelbare Anschauung, genauer hinsehen* steht. Im Allgemeinen werden Eingaben, Empfindungen und Gedanken verstanden, welche ohne Nachdenken zustanden kommen und ihren Ursprung im Unterbewusstsein haben. Diese intuitiven Ideen, Bauchgefühle, Gedankenblitze lassen sich rational nicht erklären.

Ich persönliche sehe die Intuition als die faszinierende Fähigkeit tief in sich hinein zuhören, zu fühlen, wahrzunehmen und ohne explizite Zusammenhänge auf Anhieb eine Entscheidung nennen zu können, die sich bei der Umsetzung sodann als richtig erweist.

Wisst ihr, dass wir Frauen die Intuition viel häufiger anwenden und uns öfters darauf verlassen als unseren männlichen Kollegen? Durchaus nützlich um unsere sensible facettenreiche Welt zu umsorgen und zu verstehen. Dabei lassen wir uns von unserem Bauchgefühl, inneren Stimme oder sechsten Sinn leiten. Können im wahrsten Sinn des Wortes Gefahr riechen und erkennen, wenn wir vom Partner angelogen werden. Wie funktioniert das? Eine unsichtbare Antenne lässt Frauen viele unsichtbare Sachen empfangen. Eine tolle Sache! Besser als der Verstand und Geist? Dies beantwortet Albert Einstein wie folgend: *„Die Intuition ist ein göttliches Geschenk. Der denkende Verstand ein treuer Diener. Es ist paradox, dass wir heutzutage angefangen haben, den Diener zu verehren und die göttliche Gabe zu entweihen."*

Selbstverständlich tragen Männer ebenso diese Fähigkeit in sich. Allerdings lässt sich sagen, dass die Frauen diese Begabung über die Jahrtausende in ihrer Empfindung viel tiefer verwurzelt und ausgeprägt haben. Von Geburt an wurde uns diese Fähigkeit in die Wiege gelegt und in unserer Welt aufgrund einer zu geringen Zuwendung immer mehr in Vergessenheit gerät.

Dabei schickt uns die Intuition ständig Botschaften zu. Wir werden ununterbrochen damit konfrontiert. Die Frage ist, ob wir auf Empfang geschaltet sind oder nicht. Beispiele dazu sind etwa, wenn ein guter Freund sich bei dir meldet und du kurz zuvor an ihn gedacht hast oder du dich um eine Freundin sorgst, da du intuitiv das Gefühl hast, ihr ginge es nicht gut. Bei dem persönlichen Hinterfragen stellt sich dies als korrekt heraus.

Die Intuition ist ein herausragendes Radargerät, das im direkten Kontakt zu deiner Seele steht. Die Intuition ist ein ausgeklügeltes ganz ohne Batterie funktionierendes Sendegerät, das wir immer bei uns tragen. Die Intuition ist wie ein ganz individuell auf dich abgestimmter Antwortkatalog auf deine Fragen. Nutze es!

Das ist das wahre Geschenk, das du in dir trägst. Es ist ein wunderbares, außergewöhnliches Geschenk, das es zu trainieren gilt. Es ist das Erbe von all unseren Vorfahren Frauen zum Dank, die dieses Wissen, diese Fähigkeit perfektioniert haben und uns mitgaben. Habt Dank!

Nun liegt es ganz allein an dir, wie du mit dieser Fähigkeit, mit diesem Empfangsgerät umgehst. Frage dich deshalb: Wie hast du bisher deine Intuition genutzt? Bist du im direkten täglichen Rapport damit? Wie oft greifst du darauf zurück?

____

____

Um das Wahrnehmen deiner Intuition zu trainieren und dadurch leichter Antworten auf deine Fragen zu erhalten, gehe ab sofort in dich, wenn es um eine Entscheidung geht. Bitte dein Inneres um Antwort auf deine akute Frage, um ein Zeichen. Sei achtsam, welche Gedanken, Gefühle und Empfindungen dich überkommen. Du darfst in diesem Moment nicht werten. Am besten schreibst du alles auf, was dir in den Sinn kommt.

In meinem täglich geführten Glücksjournal widme ich mich auch meiner Intuition, indem ich mich für Hinweise explizit bedanke oder auch schriftlich Fragen stelle. Innerhalb von wenigen Tagen habe ich zumeist Antworten darauf, die als Bauchgefühl, als Blitzgedanken oder sich als Zeichen in der Natur präsentieren.

Klar funktioniert es nur, wenn die Achtsamkeit und das Bewusstsein auf Empfang gestellt sind. Deshalb sei stets wachsam, präsent und im Hier und Jetzt! Darin liegen deine Antworten.

____

Rendezvous mit deinem ICH
Wenn du einen Menschen kennenlernst und ihn sympathisch findest,

möchtest du mehr über diesem Menschen erfahren. Wie gehst du da vor? Indem du Zeit mit ihm verbringst, Fragen stellst, seinen Geschichten lauscht, ihn dabei beobachtest. Aus der Fülle an Informationen machst du dir dein Bild über diesen Menschen. Im gleichen Sinne funktioniert dies mit dir selbst. Mit deinem ICH!

Der einzige Unterschied ist, dass du mit dir selbst schon seit einiger Zeit unterwegs bist. Du meinst dein ICH bestens zu kennen, sie in und auswendig zu kennen und glaubst eigentlich, dass dir dein ICH nichts mehr zu erzählen hat. Genau das Gegenteil der Fall!
Du hast dir selbst vieles zu erzählen. Wie etwa neue Erkenntnisse die du gesammelt hast, unausgesprochene Wünsche, tief verborgene Ideen die nach deiner Aufmerksamkeit streben.

Das heißt: Es ist an der Zeit, dass du dir Zeit für dein ICH nimmst, dass du neu darauf zugehst, dich neu betrachten und neu annehmen lernst. Wie stellst du dies nun am besten an? Ganz einfach! Du nimmst dir Zeit, indem du dir Rendezvous Zeiten für dein Treffen mit deinem ICH organisierst. Klar einplanst und dann durchführst. Alleine. Und ich meine ganz alleine.

Das mag sich durchaus komisch anhören und fühlt sich eventuell auch so an. Aber wage diesen Schritt. Was hast du zu verlieren? Etwas Zeit. Was du dadurch gewinnen wirst, ist weitaus mehr wert, als du dir momentan vorstellen kannst.

Überleg dir nun, wie viel Zeit du dir täglich für dich selbst nimmst? Ich meine damit nicht die tägliche Toilette, sondern Zeit in welcher du dich mit dir selbst beschäftigst? Nimmst du dir zum Beispiel bereits die Zeit für dein Tête-a-Tête?

Die Tête-a-Tête Zeit (*Seite 158*) ist ein sehr guter Anfang um dich mit dir selbst zu beschäftigen und deinem ICH neu zu begegnen. Wie du bereits weißt, beschäftigst du dich beim Eintrag in dein

Glücksjournal damit, dass du deine Ziele, Dinge für die du dankbar bist, die Erfolge des Tages erkennst und niederschreibst.

In dem Rendezvous mit deinem ICH investierst du Zeit, indem du Dinge machst, nachdem dein inneres ICH strebt und sich innerlich wünschst. Du streichelst sozusagen dein ICH mit Aktivitäten, die deine Zellen mit Energie füllt. Das gibt enorme Lebensfreude.

Um das durchzuführen musst du im Vorfeld wissen, für welche bevorzugten Aktivitäten du dir bisher keine Zeit genommen hast. Eventuell ein Fallschirmsprung oder der Besuch deiner Lieblingsstadt Paris? Oder einfach nur entspannt auf einer Wiese liegen, die Glieder von sich strecken und in den Himmel starren?

Denke darüber nach und halte deine Gedanken fest. Schreib einfach nieder was dir in den Sinn kommt.

Auf welche Gedanken bist du gestoßen? Selbst überrascht? Frauen neigen dazu anderen dienen zu wollen und vergessen dabei sich selbst zumeist. Der Mensch ist um einiges glücklicher, zufrieden und produktiver, wenn er Dinge tut, die ihn/ihr Spaß bereiten. Deshalb ist es nun wirklich an der Zeit, dass du damit beginnst, jene Aktivitäten nach denen deine Seele lechzt auch aktiv zu tun.

Baue dir bewusst in deiner Wochenplanung Zeiten für dein Rendezvous mit deinen ICH ein. Fordere dir diese Zeit ein! Denn du bist dir selbst am Wichtigsten. Koordiniere deine Aufgaben und Pflichten indem du deine Lieben um Unterstützung bittest. Es beginnt tatsächlich einzig mit deiner Entscheidung, dass du dir nun DEINE ZEIT für dich selbst nimmst. Somit…

Wann findet dein 1. Rendezvous statt? Was planst du zu tun?

Beginne jetzt damit deine Gedanken aufzuschreiben. Lass sie sprudeln, fließen und notiere diese. Gedanken wandern und sind wie Tropfen in einem reißenden Fluss. Halte einen Notizblock und Stift bereit, sodass du diese Gedanken stets sogleich festhalten kannst.

Wellness & Spa for 1

Bereits die alten Römer und das osmanische Volk wussten sich der Energiequellen von Wellness und Spa (*Sanus per aquam* das so viel wie *Gesundheit durch Wasser* bedeutet) zu bedienen. Dabei ging es ihnen nicht nur um die körperliche Reinigung, sondern die geistige Reinigung war zudem ein wichtiger Faktor.

Wellnessen ist ein Trend, der als Wochenendurlaub beliebter denn je ist. Gerade Pärchen bedienen sich diesem Luxus, um abzuschalten und sich verwöhnen zu lassen. Ebenso gibt es eine Vielzahl von Freundinnen Angeboten, bei welchen sich Ladies gemeinsam ganz ihrer Schönheit und Körper widmen können.

TIPP Mein Vorschlag an dich: **Wellness & Spa for 1!** Genau, nur du mit deinem ICH gönnst dir eine Auszeit aus deinem Umfeld, Heim, Familie. Das ist durchaus legitim und nichts spricht dagegen, solange du dir das wert bist.

Wellness & Spa for 1 Zeit ist eine enorm wertvolle und nährende Zeit für dich als Person, aber vor allem für dich als Frau. Für deinen Körper und deine Seele. Dich intensive um deinen eigenen schönen herrlich funktionierenden Körper zu kümmern, ihn verwöhnen zu lassen mit Massagen, bedeutet deinen Körper neu kennenzulernen. Ebenso neu schätzen zu lernen. Somit frage dich nun ganz spontan:

Auf einer Skala von 1 bis 10: Wie liebst du deinen Körper?

ÜBUNG

Studien belegen, dass die meisten Frauen mit ihrem Körper unzufrieden sind. Dabei befinden sie die Nase ist zu groß, zu dick, die Beine zu plump und die Arme zu schwabbelig. Sei dir gewiss:

Dein Körper ist perfekt und schön!

Es hängt ganz alleine von deinem Denkmuster ab, wie du deinen Körper annimmst. Nimmst du deinen Körper liebevoll, mit Respekt und mit Dankbarkeit an, wirst du erkennen, wie sehr sich deine Einstellung zu deinem eigenen Körper verändert. Sowie du dich in deinem Körper fühlst, wird nach außen transferiert.

Egal ob du nun Konfektionsgröße 36 oder 44 hast. Einzig entscheidend ist, WIE du dich mit deinem Körper fühlst.

Wellness & Spa for 1 ist eine wunderbare Möglichkeit, dass du dir die Zeit, Raum und Freiheit nimmst, mit deinem Körper in Resonanz zu gehen. Sprich mit ihm. Liebkose ihn. Pflege ihn. Verwöhne ihn! Ganz wichtig: **Bedanke dich bei ihm.** Es ist nicht selbstverständlich, dass uns unsere Beine von A bis B bringen. Vielen Menschen ist dieses Privileg nicht gegönnt. Was würden diese Betroffenen für gesunde Beine geben?

Ich gönne mir seit Jahren diese Auszeit in welcher ich meinen Körper verwöhne und meine Seele baumeln lasse. Was für wertvolle Erkenntnisse und Erlebnisse ich bisher daraus mitnehmen durfte. Als ich mir zum ersten Mal diese Zeit nahm und ich im Hotelspeisesaal allein an meinem Tisch saß, trafen mich viele fragende, verwunderte und auch mitleidende Blicke. Ich bemerkte aber auch in einigen Frauenaugen sehnsüchtige Blicke.

Deshalb: Gönne auch du dir diese Auszeit. Beginne damit indem du dir vorab einen 1-Day-Spa in deiner Nähe gönnst. Buche eine schöne Aroma-Öl-Massage und lasse dich von dem Sog des Genießens einfach davontragen. Das bist du dir als *Vollblutfrau* wert!

Was bedeutet vollends *Frau-Sein?*

Eine durchaus interessante und wichtige Frage zugleich. Gibt es hierbei Kriterien, Maßstäbe und Richtlinien nach denen sich die Frau von heute richten kann? Oder ist das Empfinden, die Wahrnehmung des *Frau-Sein* individuell unterschiedlich?

Meine Recherchen dazu haben mir eines klar aufgezeigt: Es gibt keine klare Definition dafür! Für jede Frau bedeutet das *Frau-Sein* etwas anderes. Ganz individuell unterschiedlich verstehen Frauen diesen Kontext für sich persönlich. Ich habe dazu zahlreiche Frauen aus unterschiedlichen Kulturen befragt und einige ihrer Rückmeldungen zu der Frage: *„Was bedeutet es für dich, vollends Frau zu sein?"* hier zusammengetragen.

- Das Erbe meiner weiblichen Vorfahren zu leben.
- Die Freiheit zu nutzen, das zu machen, was ich bevorzuge.
- Die Stärke und die Schwäche gleichzeitig auszuleben.
- Menschenleben zu schenken.
- Unterschiedlichen Rollen zu leben (Tochter, Mutter, Ehefrau etc.)
- Die Schöpfungskraft gänzlich auszuleben.
- Das Geheimnisvolle in mir nach außen zu bringen.
- Mich mit all meinen Fehlern und Makel 100%ig zu lieben.
- Stark wie ein Löwe und gleichzeitig sanft wie ein Lamm zu sein.
- Unendliche, kraftvolle Liebe zu verschenken.
- Die ureigene Kraft in mir zu entdecken und zu leben.
- Mich in meinem Körper so wohl zu fühlen wie ich bin.
- Meine weibliche und männliche Seite in Synergien zu leben.

ÜBUNG

Alle Aussagen sind individuelle Betrachtungen und das Resultat ist deshalb recht unterschiedlich. Wobei sie sich in einem gleichen: Es gibt weder richtig noch falsch. Nun die entscheidende Frage: Was bedeutet für dich das *Frau-Sein*?

Wie leicht fiel dir diese Übung? Es kann durchaus sein, dass dir die Beantwortung dieser Frage anfangs schwerfällt. Das ist gänzlich in Ordnung. Denke in Ruhe über diese Frage nach. Mache dir Notizen dazu und lege den Zeitraum fest, bis wann du für dich deine klare und eindeutige Bedeutung definiert haben möchtest.

Frage dich dabei ebenso, nach welchen Faktoren du dein persönliches *Frau-Sein* richtest. Nach welchen Kriterien richtest du dich? Es sind deine ganz persönlichen Kriterien. Deshalb gibt es kein richtig oder falsch. Es gilt diese für dich auf Papier zu bringen, sodass diese greifbar und vor allem sichtbar sind.

Zudem ist es legitim, dass du deine Antwort im Laufe der Zeit änderst. **Nichts ist so beständig wie der Wandel.** Du als Mensch bist ständig im Lauf der Veränderung, des Wandels. Sei deshalb nicht zu streng mit dir selbst und gewähre dir das Recht ein, dass du für dich deine Bedeutung änderst, wenn du meinst.

Was ist dein Fazit daraus?

Wie viel *Frau-Sein* lebst du?

Nachdem du nun für dich selbst definiert hast, was es für dich bedeutet Frau zu sein, frage ich dich: Wie viel *Frau-Sein* lebst du wirklich aus? Welche Note von 1 bis 10 gibst du dir? Sei durchaus kritisch und hinterfrage dich: _______________________________

Ich gestehe, als ich mir – mit 32 Jahren - das erste Mal diese Frage stellte, bekam ich eine schlappe 4 zustande. Die Frage die ich mir damals stellte war: *Nach welchen Kriterien und wie viel Frau-Sein lebte ich wirklich nach meinem eigenen besten Wissen und Gewissen?*

Ich erkannte, dass ich meine Meinung über wie viel *Frau-Sein* ich bis dato glaubte zu sein aus der Resonanz der Männerwelt ableitete. Da ich als *sexy* von der Männerwelt angesehen wurde, fühlte ich mich genau das, sexy und begehrt. Diese Erkenntnis war ernüchternd.

Ich hatte tatsächlich einiges an Nachholbedarf! Ich wusste schlichtweg nicht nach welchen Parametern ich mein *Frau-Sein* abwägen und bewerten sollte. Ich wusste allerdings, dass es nicht auf die Körpergröße, -Form noch auf die Art die Männerblicke ankam. Je länger ich darüber nachdachte, forschte und mich damit beschäftigte, desto offensichtlicher wurde es. Die Antwort ist klar und eindeutig:

Der Schlüssel liegt in Innerem einer jeden Person!

Somit begann ich mich und mein *Frau-Sein* neu zu entdecken. Begab mich sozusagen auf Forschungsreise und ließ die Reaktionen und Meinungen meiner Außenwelt ungeachtet und im Außen, was – das muss ich gestehen – anfangs nicht ganz leicht war.

Alles beginnt mit dem Erkennen! Mit dem neutralen Feststellen, Klarmachen, Erkennen. Um von A nach B zu kommen ist es wichtig zu wissen, wo die jeweiligen Punkte/Standorte sind. Denn nur so ist klar einschätzbar, wie viel es benötigt, um von A nach B zu kommen. Deshalb halte dich nicht zurück.

Wie viel *Frau-Sein* wirst du in Zukunft leben? Fühlst du wie dich diese Entscheidung bereits nährt? Erkennst du, was für ein wunderbares Geschenk es ist, eine Frau zu sein?

FAZIT

Entfessle deine *Vollblutfrau* in dir

Frauen tragen enorm viele Fähigkeiten und Talente in sich. Zusammen ergeben diese ein Bündel an unermesslicher Energie, endloser Liebe und Kraft die Berge zu versetzen weiß! Eine Mutter die ihr Kind aus einer misslichen Lage zu retten versucht, lässt ungeahnte Kräfte frei um dies zu schaffen! Oh ja... Alle Frauen tragen in sich diese unglaubliche Energie einer *Vollblutfrau*!

Dies zu erkennen ist der Schlüssel um deine *Vollblutfrau* in dir zu entfesseln. Du bist ein wunderbares Geschöpf! Pure Liebe! Ein kraftvoller Energiestrom, ein Vulkan an Leidenschaft! **Du bist eine Vollblutfrau**! Lass von deinen festgefahrenen gegenteiligen Meinungen ab, indem du dein Inneres sprechen und handeln lässt. Du bist im Jetzt. Gestern ist vergangen und das Morgen ist fern. Dein heutiges Handeln entscheidend darüber was morgen passiert.

**Wir haben keinen Einfluss auf das Gestern,
entscheiden durch unser Handeln im Heute unser Morgen.**

So frage dich: Wie lange möchtest du noch deinen so gut behüteten Schatz von Leidenschaft tief begraben im deinem Innersten im Dunkeln lassen? Wie lange möchtest du dich deiner eigenen Rufe nach Freiheit verwehren?

Sei jene Frau, zu der du geboren wurdest! Sei die Kriegerin, die in dir nach Freiheit schreit!

Dein *Vollblutfrau* Gene ist jener Tricker, der dir in der Vergangenheit mehrmals gezeigt hat, was du draufhast. Was in dir steckt. Dabei nahmst du diese Kraft als spannend und gefährlich zugleich wahr.

Nimm diese Kraft, Energie, Leidenschaft nach dem puren Leben an. Du trägst sie seit deiner Geburt tief in deinen Zellen. All unseren weiblichen Vorfahren zum Dank trägst du dir ihr Erbe. Wenn du nun in den Spiegel blickst, erkenne diese Kämpferin, Kriegerin, die Frau, die du bist. *Vollblutfrau* pur!

Triff die Entscheidung fortan diesen Teil deines *Frau-Seins* nicht mehr zu verstecken. Stattdessen gibst du ihr Raum! Gib ihr die Bühne! Gib ihr das Spotlicht. Was gibst du ihr?

Die 5 wichtigsten Erkenntnisse & Leitsätze aus diesem Kapitel sind:

Dein Körper ist dein Heim

Dein Körper ist ein Wunderwerk! Ein fantastisches, ausgeklügeltes, einzigartiges Werk, das die Mutter Natur in dieser Perfektion erschaffen hat und kein Computer in dieser Form nachmachen kann. Schauen wir uns deinen außergewöhnlichen Körper genauer an:

Verblüffende Fakten über deinen Körper
Dein Körper besteht je nach Alter aus 60 – 80% Wasser. Dein Skelett macht etwa 12% deines Körpergewichts aus und besteht aus 300 Knochen/Knorpel und 100 Gelenke. Mann oh Mann. Als Baby hattest du noch 350 Knochen, wobei einige davon zusammengewachsen sind. Deine Haut ist mit einer Fläche von 1 ½ bis 2 Quadratmeter dein größtes Sinnesorgan und auch ein sehr zartes. Von deinen 656 Muskeln ist der Kaumuskel der Stärkste.

Das an sich ist schon sehr beeindruckend! Wusstest du aber, dass dein Darm insgesamt die Länge von 5.5 – 7.5 Meter hat? Oder, dass die Länge all deiner Nervenstränge im Körper insgesamt sage und schreibe 780.000 Kilometer beträgt? Das ist genau genommen einmal zum Mond hin und zurück. Was für eine Strecke! Zudem verlierst du jährlich über 3 Kilogramm an Hautzellen. Das heißt, dass sich deine Haut einmal im Monat komplett erneuert. Deine Magensäure ist so aggressiv, dass sie Rasierklingen auflösen kann. Zum Glück gibt es deine Magenwand die Schäden dieser Art abwehrt. Dein Niesen hat die Geschwindigkeit von 160 km/h, während dein Herz pro Jahr circa 33 Millionen Mal schlägt.

Zudem bietet der Frauenkörper laut Studien mehr Geschmacksnerven als Männer. Frauen können somit Probewein besser beurteilen! Über 8000 Nervenendungen versorgt die Klitoris. Das ist doppelt so viel als bei der Eichel des Penis. (*Quelle: www.watson.com*). Was sagt uns all dies aus? Dein Körper ist ein wahres Meisterwerk!

Dein Körper ist ein wahrer Schatz

Hast du dir schon einmal überlegt, was für einen Schatz du mit deinem Körper da besitzt? Was für ein außergewöhnliches Werkzeug dir mitgegeben wurde, um dein Leben mit den Sinnen wie Riechen, Fühlen, Schmecken, Hören und Sehen zu erleben?

Genaugenommen ist dein Körper effektiv das Einzige das du effektiv besitzt. Wenn du ein Haus dein Eigen nennen darfst, ist es theoretisch gesehen dein Eigentum. Logisch! Schließlich steht dein Name in den dafür vorgesehenen Dokumenten. Der Unterschied zu deinem Körper ist ein Entscheidender! Während du dein Haus nicht mit dir herumtragen kannst, tust du dies mit deinem Körper ständig und zwar 24 Stunden täglich an 364 Tagen im Jahr.

Tatsache ist, dass sich die meisten Menschen diesem Schatz und Wunderwerk nicht bewusst sind. Sie nehmen ihren Körper als gegeben hin und sehen keinen Grund, sich täglich demütig für diesen einwandfreien, schönen Körper zu bedanken. Im Gegenteil, zumeist wird an diesem herausragenden Körper, der mit all seinen wunderbaren Funktionen und Systeme in bester Synergien arbeitet, einzig eines gemacht: Er wird durch die Mangel gezogen, kritisiert!

An was denkst du, wenn du das Wort *Schatz* hörst? Eine vollgestopfte Kiste mit Goldmünzen? Ein Raum voller Goldbarren? An dein Herzblatt? Zumeist bringen wir Menschen in der westlichen Welt die Bezeichnung *Schatz* in Verbindung mit materiellen Güter wie Geld, Reichtum, Schmuck, Goldbarren etc.

Genaugenommen ist es aus der Überlegung – was wirklich zählt - einzig allein dein eigener Körper dein wahrer Schatz. Dein Körper, der das harmonische Wohlbefinden, das Fühlen von Glück und das Erleben von purer Liebe erfühlen und transportieren kann! Weder ein Goldbarren noch der größte Ring mit dem dicksten Diamanten kann diese Emotionen ersetzen.

Erst die Konfrontation mit Krankheit und körperlichen Behinderungen sei dies in Beobachtung oder am eigenen Leibe erlebt, lässt den Menschen realisieren, wie wichtig und wertvoll ein gesunder und einwandfreier funktionierender Körper an sich ist. Erkennst du deinen Körper als Schatz?

Du bist der Schatzmeister deines Körpers. Du hast nur diesen einen Körper und dieser ist einzigartig, ein Diamant. Er ist ein unverzichtbarer Teil von dir und deshalb etwas ganz Besonderes. Das ist Fakt und unumstößlich.

Fühlst du dich wohl in deinem Körper?
Eine andere Frage hingegen ist, wie sehr du mit deinem Körper, Figur, deinem äußeren Erscheinungsbild zufrieden, glücklich bist. Auf einer Skala von 1 bis 10, welche Note gibst du dir? ___________
Bitte frage dich ebenso, was dir an deinem Körper gut gefällt?

Wie ging es dir mit dieser Frage? Kamen dir anfangs nur deine Makel in den Sinn? Die Speckröllchen, Cellulite und Falten. Wir Menschen neigen dazu, uns primär mit den Makeln auseinanderzusetzen, statt uns auf das Positive zu konzentrieren. Dabei liegt es einzig an dir, wie du über dich selbst denkst.

Einer Umfrage zufolge sind 90% der Frauen unzufrieden mit ihrem Körper. Eine erschreckend hohe und besorgniserregende Zahl! Woran liegt das? Etwa daran, dass sich Frauen viel zu sehr mit den perfekt gestylten Prominenten und Models vergleichen?
Die Ausstrahlung der 13. Staffel der Reality Show „Germanys Next Topmodell" im Mai 2018 zeigt das ununterbrochene Interesse am Modellen. Dabei sind die Vorgaben der Modelbranche äußerst

streng. Frauen behelfen sich gesundheitsgefährdeten Methoden um die Kleidergröße 32/34 zu erreichen und enden im Hamsterrad von Bulimie oder Magersucht.

Dabei stellen die von den bunten Werbeplakaten lächelnden Modells einen Körper zur Schau, der mit der Realität nichts mehr zu tun hat. Grafische Software Programme sorgen mit wenigen Mausklicks für eine engere Teile, längere Beine, makellosere Haut, schmäleres Gesicht oder einen längeren Hals. Die Plakatfrauen von heute sind somit ein Software Produkt von gestern und beeinflussen nachhaltig negativ Mädchen, Teenager und Frauen.

In dem Dokumentarfilm *„Embrace - du bist schön"* setzt sich Taryn Brumfitt mit dem Schönheitsideal der Frau in der westlichen Welt auseinander. Dabei erzählt die Australierin sehr authentisch über ihre persönliche Auseinandersetzung mit ihrer Figur, ihre Unzufriedenheit unter der sie litt und versucht in dem Film die Ursachen auszumachen. Wie sehr dieses Thema die Frauen auf der ganzen Welt beschäftigt, zeigt sich indem dieser Film bereits am ersten Abend (Mai 2017) in den deutschen Kinos auf Platz 1 der Charts landete. Der bis dahin erfolgreichste Eventstart aller Zeiten. (*Quelle: www.wikipedia.de*)

„Embrace - du bist schön" ist ein bemerkenswerter Film, den sich jede Frau ansehen sollte. Warum? Da dieser Film - wie *Filmstarts.de* dies auf den Punkt bringt - ein engagiertes Plädoyer gegen den Schlankheits- & Jugendwahn der Gesellschaft ist und für die Vielfalt der weiblichen Schönheit einsteht! In dem Film erklärt die Autorin, wie ihr Leben sich aufgrund der wertvolle Erkenntnis *„Was bringt dir ein schöner Körper, wenn du nicht glücklich bist?"* komplett verändert hat. Ziel des Filmes ist es Frauen eine veränderte Wahrnehmung des Frauenkörpers sichtbar zu machen und sie dadurch glücklicher sind.

Wie lässt sich dein Bewusstsein und positive Wahrnehmung zu deinem Körper langfristig fördern? Indem du dich mit folgenden Tipps aktiv auseinandersetzt, wird dich dies in der positiven Wahrnehmung deiner selbst sehr unterstützen:

- **Entledige dich deiner negativer Meinung über dich & deine Figur!** Je positiver du mit dir selbst umgehst desto positiver gehst du mit deinem Aussehen um. Dadurch förderst du dein gesundes Körperselbstbewusstsein und Zugang zu dir selbst.

- **Gehe liebevoller mit dir um!**
  Überschütte dich mit Liebe. Lächle dein Spiegelbild täglich herzlich an. Suche dir täglich aufs Neue etwas aus (eine Sache, Aktivität etc.) mit welcher du dir selbst eine Freude bereitest.

- **Sei dir selbst die beste Freundin!**
  Nimm dich so an wie du deine beste Freundin annimmst. Ohne Wenn und Aber. Du bist perfekt so wie du bist!

- **Schreibe dir selbst liebevolle Nachrichten…**
  … genau! Hinterlasse dir in deinem Kalender Nachrichten oder lege dir kleine Zettel in dein Portemonnaie auf welchen z.B. steht: *„Du bist klasse!"*, *„So wie du bist, bist du perfekt!"*, *„Du bist schön"*, *„Du hast den perfekten Körper, Figur!"*, *„Ich liebe dich!"*

- **Lache viel und vor allem über dich selbst!**
  „Ein Tag ohne Lachen ist ein verlorener Tag." **Lache jeden Tag viel, herzhaft und hemmungslos! Lache über dich selbst!** Über deine Fehler, Makel, Schwächen. Je mehr du dich auf die Kippe nimmst desto weniger Druck, Erwartung und mehr Achtung hast du dir selbst gegenüber.

Du bist perfekt so, wie du bist.

Gesundheit ist der größte Reichtum

Diese Weisheit bringt es auf den Punkt. Was bedeutet Reichtum, wenn die Gesundheit angeschlagen ist? Wenn Krankheit den Alltag beherrscht wird dem Betroffenen die Wichtigkeit der Gesundheit mehr denn je deutlich. Alles Geld der Welt hat keinen Wert mehr, wenn Krankheit den Körper beherrscht. *„Kümmere dich um deinen Körper. Er ist der einzige Ort, den du zum Leben hast!"* Keine noch so luxuriöse Villa oder Strandhaus kann deinen menschlichen

Körper ersetzen. Es gilt deinen einzigen Körper mit viel Sorgfalt zu hegen und pflegen. Dabei sollte das Bemühen deine Gesundheit intakt zu halten auf die harmonische Vereinigung von deinem Körper, Geist und Seele gerichtet sein. Diese sind wie unweigerlich miteinander verbunden.

Was tust du um deinen Körper, Geist und Seele gesund zu halten?

Körper: ____

Geist: ____

Seele: ____

ÜBUNG

Bist du mit deinen Antworten zufrieden? Erkennst du weiters Potenzial um aktiver an deiner Gesundheit zu arbeiten?

Sehen wir uns kurz an, wie du diese Konstellation im Gleichgewicht halten kannst. Dein einzigartiger Körper lässt sich mit ausreichendem Schlaf, einer ausgewogenen Ernährung und viel Bewegung sowie sportlichen Aktivitäten recht gut in Schuss halten. Dabei macht Sport nicht nur körperlich fit, sondern wirkt sich auch positiv auf die geistige Gesundheit, dein Selbstbewusstsein und auf dein allgemeines Körperbild. Um geistig fit zu bleiben ist es somit ratsam viel zu lesen, sich regelmäßigen kognitiven Training (z.B. Musikinstrument spielen) und Gehirnjogging zu unterziehen.

Regelmäßige soziale Interaktionen sind gut, wirksam und tun einfach gut. Um seelisch im Gleichgewicht zu bleiben, sind folgende allgemeinen Handhabungen hilfreich:

TIPP

- **Bündle deine Aufmerksamkeit auf die Gegenwart - dem Jetzt.**
- **Denke positiv! Alles hat seine gute Seite und Gründe.**
- **Nimm dich als einzigartig und als etwas Besonderes an.**
- **Übe dich in deiner Gelassenheit (u.a. durch Meditation).**
- **Werte andere Menschen nicht ab! Lerne von ihnen.**
- **...lache jeden Tag herzhaft!**

Winston Churchill fasste dies folgendermaßen zusammen: *„Tu'
deinem Körper Gutes, damit die Seele Lust hat darin zu wohnen."*

Welche Konsequenz ziehst du für dich daraus?

____

Kleidung machen Leute...

Dieser Spruch kommt von dem Dichter Gottfried Keller. Gemeint ist
damit, dass die Meinung – sprich der erste Eindruck - über einen
Menschen von dessen Kleidung vorgängig bestimmt wird.

Stell dir folgendes Szenarium vor: Ein Mann in schmutziger,
verschluderten Kleidung taumelt auf einer Fußgängerzone und fällt
dann um. Dasselbe passiert demselben Mann nur dieses Mal trägt er
einen tadellosen Anzug. Was glaubst du? Welches Outfit ruft
schneller Hilfeaktionen hervor?

Bingo: Dem in einem Anzug gekleidet Mann stehen sofort mehrere
Leute hilfreich zur Seite, während dem gleichen Mann in verwahr-
losten Kleidung erst nach einigen Minuten zögerlich geholfen wird.

Warum ist das so? Der Mensch lässt sich im ersten Eindruck, der
innerhalb von wenigen Sekunden feststeht, von der äußerliche
Aufmachung sehr beeinflussen. Wenn auch unbewusst!

Fakt ist: In unserer Gesellschaft hat die Kleidung einen sehr hohen
Stellenwert. Die Modebranche legt zweimal im Jahr den neuen Trend
vor. Dazu gehört der Kleidungsstil, Accessoires und der Frisur Stil,
der sodann die Saison dominiert. Ein unglaubliches Business! Mann
und Frau der Welt halten sich in bester Manier an diese Vorgaben
und kaufen das was als schön und aktuell gilt. Schließlich wollen sie
als modern und trendy gelten. Ebenso steuert die Knigge *(die sich auf
das von Adolph Freiheit Knigge im Jahr 1788 veröffentlichte Buch „Umgang
mit dem Menschen" stützt)* seines bei und untermauert zudem die
Moralvorstellung der Menschen.

Was bedeutet dies für dich als *Vollblutfrau*? Gibt es Regeln die du befolgen solltest? Musst du dich als *Vollblutfrau* in Stöckelschuhe zwängen? Trägt die *Vollblutfrau* von heute nur enge figurbetonte Kleider? Wie kleidet sich deiner Meinung nach eine *Vollblutfrau*?

____

____

Aus meiner Sicht gibt es dazu nur eines zu sagen:

**Je authentischer du dich kleidest,
desto mehr wirst du dich als *Vollblutfrau* fühlen! Punkt!**

Was heißt das nun? Wenn du gerne Stöckelschuhe mit Etuikleid trägst dann tue das! Bevorzugst du einen sportlicheren Stil… Voila, dann **go for it**! Wichtig ist es, dass du deinen für dich perfekten Stil Ausdruck verleihst. In Kleidung in welcher du dich wohl fühlst, bewegst du dich stimmig, einig. Kurz um authentisch.

Hast du einen Stil? Bist du dir deinen eigenen Stil bewusst? In welcher Kleidung fühlst du dich wohl? Weiblich? Authentisch?

____

____

____

Je mehr du dir deinen eigenen Stil bewusst bist desto besser lebst du diesen aus. Egal was andere Menschen sagen. Wichtig ist es, dass du dich darin wohlfühlst. Ganz nach dem Motto: **Deine Kleidung ist dein Ausdruck deiner selbst!**

Sport ist nicht Mord, sondern Leben

Gerade Menschen die der eigenen sportlichen Aktivität eher gespalten gegenüberstehen, verwenden gerne den Spruch Sport ist Mord. Dabei ist genau das Gegenteil der Fall!

Jegliche Form von körperlicher Aktivität tut unserem Körper, Geist und Seele gut. Unser Körper ist nicht dafür konstituiert den ganzen Tag zu sitzen oder auf der Couch zu liegen. Stattdessen braucht er Bewegung, frische Luft, körperliche Aktivitäten die den Puls in die Höhe bringt. Ansonsten wird er träge, faul und lasch. Joggen steigert nicht nur die Kondition und lässt die Muskeln stärken, sondern gibt dem Geist Raum, legt Alltagsstress ab, entledigt sich gedanklichen Altlasten und gleichzeitig gedeihen neue Ideen.

Zahlreiche Studien belegen, dass sportliche Aktivitäten glücklich machen, da dabei Endorphine, Dopamin und Serotonin ausgeschüttet wird. Das ist mitunter ein Grund Sport in deinen Alltag zu integrieren. Aber es gibt noch weitere Gründe:

1. Verbrennt Fett: *Spricht gänzlich für sich selbst!*
2. Wirkt Bluthochdruck entgegen: *Das ist immer gut!*
3. Lässt Muskeln wachsen: *Na bitte… Bestens!*
4. Stärkt Herz-Kreislauf-System: *Hält gesund!*
5. Macht glücklich: *Na das ist eindeutig das Beste an der Sache!*

Kurz um: Wer sich bewegt trainiert seinen Körper und Geist!

Dabei wachsen dir nicht nur Muskeln, sondern fördert dein Selbstvertrauen, stärkt deine Gelassenheit und lässt u.a. deine Denkkraft steigern. Eindeutig gute Gründe die für Sport und körperliche Aktivitäten sprechen.

ÜBUNG

Wie stehst du dem Sport gegenüber? Ist sportliche Aktivität ein unverzichtbarer Teil deines Alltags? Welche körperlichen Aktivitäten sind Teil deines Lebens?

____

____

____

Was haben dich die Fragen erkennen lassen? Bist du zufrieden mit dem Ergebnis? Oder erkennst du, dass du da mehr Aktivitäten in dein Leben einbauen könntest? Wenn ja, welche?

Es gibt eine Vielzahl an Sportarten aus der du wählen kannst - je nach Belieben und nach Saison. Und jedes Jahr kommen neue sportliche Inventionen hinzu. Wikipedia hat dazu weit über 200 Sportarten aufgelistet. Wo beginnen? Entsteht die Qual der Wahl?

Nein. Es ist egal, welche Sportart du aktiv in dein Leben aufnimmst und betreibst. Wichtig ist, dass du dich bewusst und kontinuierlich bewegst, sodass dein Körper und Geist fit bleiben und du dich dadurch glücklich und wohl fühlst.

**Denn je fitter du dich fühlst,
desto mehr Freude
hat deine Seele
in deinem Körper zu verweilen!**

Apropos: Es gibt eine körperliche Aktivität die deinen Puls 100%ig in die Höhe schießt und deinen Körper, Geist und Seele zweifellos in die Ekstase führt! Du fragst dich was genau ich meine?

Das nächste Kapitel verrät mehr dazu…

Die 5 wichtigsten Erkenntnisse & Leitsätze aus diesem Kapitel sind:

Hast du sexuelle Erfüllung...?

Erfüllte Sexualität ist ein wichtiger Meilenstein in unserem Leben. Dabei unterstützt erfüllte Sexualität das glückliche und harmonische Leben und fördert dein ICH. Die Frage die sich dabei stellt, ist ob du dir dessen bewusst bist und auslebst? Oder stehst du eher nicht dazu und verspürst somit eine große Lücke in deinem Leben?

Sex in der Gesellschaft

Vielmals höre ich die Behauptung, dass wir in diesem Jahrhundert sehr offen mit der Sexualität umgehen. Ich schmunzle, denn mir kommen die alten Römer in den Sinn und natürlich die Griechen, die ihre Gelüste der Sexualität in allen Richtungen auslebten und vor allem bildlich festgehalten haben. Somit wissen wir sehr genau, dass Männer Sex mit Gleichgeschlechtigen ebenso sehr offen praktizierten, während sie gleichzeitig verheiratet und Väter waren. Frauen taten ihnen gleich und es war ganz und gar nicht verworfen, sondern lag voll im Trend und im Alltag integriert. Die antiken Römer liebten ausgelassene, überschwängliche Feste, dabei war schier alles erlaubt. Durchaus können wir sagen, dass aus der Sicht der westlichen Welt der Swinger Club, Gruppensex und Bisexualität in den Reihen der römischen und griechischen Mauern seine Anfänge nahm.

Durchaus finden sich weitere Spuren einer gänzlich offenen unkomplizierten und wertfreien Ausübung von Sexualität in weiteren Kulturen und Epochen wieder.

In unserer Zeit, dem einundzwanzigsten Jahrhundert stehen wir in der westlichen Gesellschaft der Sexualität recht *offen* gegenüber. Keiner hätte vor wenigen Jahren gedacht, dass ein Homosexueller in edler Frauenkleidung mit wilder dunkler Mähne und einem unübersehbaren Bart den Euroversion Songcontest 2016 gewinnen würde. Für die Homoszene ein riesiger Durchbruch. Trotz kritischer Meinungen wurde diese Entscheidung in vielen Ländern gefeiert.

Ebenso zeigt sich in der Bürokratie immer mehr Offenheit und Zugeständnisse, indem Gleichgeschlechtige nun den offiziellen Bund der Ehe erlaubt ist (*Niederlanden seit 2000, Deutschland seit 01.01.2017, Österreich ab 01.01.2019*), und dies die bisherige eingeschriebene Partnerschaft in die Ecke drängt.

Diese Entwicklung ist durchaus erfreulich. Ebenso die Möglichkeit, dass ein schwules Pärchen Kinder adoptieren kann, zeigt wie offen sich unsere Gesellschaft in diese Richtung entwickelt hat. Dies wäre noch vor Jahrzehnten unvorstellbar gewesen.

Das diese offene Haltung nicht von jedem Menschen und Kulturen unterstützt wird, ist nicht unverständlich. Entwicklung braucht seine Zeit. Wie das Wort *Ent-wickl-ung* bereits in sich trägt, legt das *Ent-Wickeln* den Schwerpunkt darauf alte Muster von ihren Grundgedanken frei zu machen, sodass Raum und Platz für neue Gedanken geschaffen werden können. Dies verlangt Zeit und die Geduld des Betrachters. Allerdings lässt sich durchaus sagen, dass wir in dieser Hinsicht durchaus unseren griechischen und italienischen Vorfahren auf den Spuren sind.

Monogamie und Polygamie
In diversen Kulturen ist die Polygamie ein fest implementiertes und gelebtes Gesellschaftsmuster an dem nicht gerüttelt wird. In unseren Gesellschaftsformen hingegen hat sich die Monogamie als die einzige und wahre Lebensform durchgesetzt, während die Polygamie als verpönt und egoistisch betrachtet wird. Ist es eine somit eine Überraschung, dass sich viele Männer genau das wünschen? Weg von der Monogamie und hin zur Polygamie.

Von 10 befragten Männer, ob sie Sex mit mehreren Frauen gleichzeitig haben möchten, haben dies sieben bejaht. Da spricht das Ego als der Antreiber. Männer wollen ihr Ego ständig unter Beweis stellen. Dies ist nicht wertend, sondern eine ganz natürliche Entwicklung des Mannes-Sein. Den Jagdinstinkt seit Jahrtausenden tief in sich tragend sind es gerade die Frauen Eroberungen, die dem

Mann als Trophäen für dessen Ego dienen.

Dies in Form von einer Polygamie Beziehungsform auszuleben ist insofern betörend, da diese Form nach außen eine klare Botschaft vorausschickt: *„Ich bin ein toller, unwiderstehlicher Hengst."*

Wie sieht dies die Frauenwelt?

Nun es gibt die eine Gruppe, die diesen Gedanken gänzlich als verwerflich und abstoßend empfinden. Es widerspricht sich absolut mit ihren Grundgedanken von harmonischer Partnerschaft mit dem einem, mit ihrem Mr. Right. Sich vorzustellen, dass ihr Herzblatt zudem mit einer anderen oder gar mehreren Frauen eine Beziehung eingeht – sei dies auf emotionaler oder körperlicher Ebene – ist ein absolutes Tabu. Warum auch? Sie selbst haben sich für diese Lebensform entschieden. Absolute Treue und Hingabe für den Einen und Einzigen. Punkt.

Dann gibt es da noch die andere Frauengruppe. Jene, die sich angezogen fühlt von dem Gedanken mit mehreren Männern gleichzeitig eine körperliche Beziehung zu haben. Die wenigsten Ladies leben diese geheimen Wünsche wirklich aus. Wenn sie dies tun, dann heimlich ohne Wissen der Freunde und deren Umfeld.

Aber halt: Ist dies wirklich so verwerflich? Für die Frau wohl doch. Denn es dominiert nach wie vor ein alt eingesessenes Muster der Gesellschaftsform und -Meinung. Während der Mann bei einer lebhaften Beziehung mit mehreren Frauen von der Gesellschaft lächelnd als *Macho* abgestempelt wird, ist die Frau genau das Gegenteil, ein *Flittchen*. Liegt es somit daran, dass Frauen sich deshalb eher zurückhaltend verhalten, da sie sich der gewohnten Gesellschaftsformen und den verwerflichen Meinungen nicht ausliefern wollen? Es liegt in der Natur von Frauen, dass sie auf Harmonie bedacht sind. Frauen sind mit ihren enormen Fähigkeiten von Einfühlsamkeit die Friedensstifter in der Familie und Umfeld. Dabei tendieren die dazu eigene Bedürfnisse und Vorlieben in den Schatten zu stellen.

Hand aufs Herz: Hast du dir das schon mal gewünscht? Dir ausgemalt, wie es wäre, wenn du deine sexuellen Wünsche mit verschiedenen Mann ausleben könntest?

Oh du meinst, das ist verwerflich? Das geht doch nicht? Wo kämen wir da hin? Denke daran, dass dieses Arbeitsbuch ganz dir gehört und du dich deshalb ehrlich diese Frage beantworten solltest.

Es ist ganz und gar nichts Verwerfliches daran, wenn du Gelüste dieser Art hegst. Eine Vielzahl von Frauen hegen diese geheimen Wünsche, leben diese aber nicht aus. Die Gründe sind vielschichtig.

Wichtig für dich ist es dich deiner Wünsche klar zu werden und abzuwägen, ob du diese ausleben möchtest oder nicht. Sich selbst gegenüber ehrlich zu sein, ist dafür Voraussetzung, denn es geht ja schlichtweg um das Wichtigste in deinem Leben: Um dein Leben!

Was ist dein Fazit? Was hast du für dich gelernt?

Fremdgehen ist eine Entscheidung...

Ich bin immer wieder erstaunt, wie viele Paare fremdgehen. Natürlich weiß die *„bessere Hälfte"* nichts von diesem Naschen in fremden Gefilden. Was für den Betroffenen unsichtbar und unvorstellbar ist, ist für achtsame Beobachter ein offenes Buch. Teilweise bedienen sich beide Hauptakteure gleichzeitig anderweitig, ohne dass dies voneinander zur Kenntnis genommen wird.

Dabei zeigt sich eindeutig, dass diese Personen in ihrer eignen Beziehung nicht glücklich sind, sich nicht ausgefüllt fühlen. Statt sich diesen Problemen zu stellen, wird diese Lücke durch die Beziehung mit einem anderen Menschen gefüllt. Sie glauben, in dem Fremden, dem Neuen jenes Glück zu finden, welches in der eigenen Beziehung verloren ging. Dass dadurch die Situation um einiges komplizierter wird, erkennen die Betroffen erst, wenn es bereits zu spät ist. Zudem findet sich in der Heimlichtuerei des Fremdgehens inmitten von Geheimnisvollem und Verbotenen wieder, das den Kick fördert und Adrenalin pusht. Ein emotionaler Drahtseilakt für alle Akteure.

Worum geht es? Um das Empfinden von Glück? Um sich geliebt und begehrt zu fühlen? Ist dabei das Fremdgehen die Lösung? Was als harmloser Flirt beginnt, das dem Ego schmeichelt, kann im Fremdgehen enden. Den folgenden Konsequenzen muss sich die Person früher oder später stellen. Dies schreibt das Gesetz der Ursache und Wirkung unumgänglich vor. Nur zu welchem Preis?

Was sagt dieses Verhalten aus? Dass sich das Paar trennen sollte, bevor sie mit anderen rummachen? Kann es sein, dass die Monogamie als Lebensform nicht die ideale Partnerschaftsform für jene Person ist? Diese kritische Frage kann nur ein jeder für sich selbst beantworten.

Wichtig ist es, wie du zu dir selbst stehst. Schlummern in dir Phantasien die du bisher nicht ausgelebt hast? Die du bisher nicht mit deinem Partner geteilt hast? Stecken in dir heimliche Begierden die du gerne mit deinem Partner oder anderen erleben möchtest? Sei dir selbst gegenüber offen und schreibe deine Gedanken dazu nieder.

Welche sind diese? Bedenke dies ist dein Arbeitsbuch dem du alles anvertrauen kannst. Was zählt ist nur deine persönliche Sichtweise.

Was ist dein Fazit? Was hast du für dich gelernt?

FAZIT

Aufklärung... „Was ich schon immer wissen wollte...“

Die liebe Aufklärung ist ein Thema für sich. Damals und auch heute noch. Ich gehöre zu jener Generation, die mit der damals bekannten und beliebten Jugendzeitschrift *„Bravo“* groß geworden ist und aufgeklärt wurde. Da war Frau Dr. Sommer die sich all den jugendlichen Fragen zum Thema Pubertät, körperliche Entwicklung, das erste Mal Sex und allgemeine Sexfragen stellte. Statt einfach nur mal schnell eine E-Mail zu schreiben, nahmen sich die nach Antwort gierigen Jugendlichen die Mühe und schrieben einen Brief. Ja genau einen Brief! Diese wurden unter der Rubrik *„Was ich schon immer wissen wollte“* anonym publiziert. Davon zehrten und nährten sich sodann Tausende von Jugendlichen. Dies mag heute eigenartig erscheinen aber damals gab es nebst wenigen Büchern, keine Ressourcen auf die man zugreift hätten können. Es sei denn ein Erwachsener wurde dazu befragt, was eher seltener vorkam.

Unsere peinlich berührten Eltern waren mit der Aufklärungsarbeit gänzlich überfordert. Als Nachkriegskindern kamen sie selber nicht in den Genuss einer offenen Aufklärung, da weitaus andere Prioritäten an der Tagesordnung standen. Ich erinnere mich, dass Sexualkunde auf unserem Stundenplan in der 4. Klasse Haupt-schule stand. Unser mutiger und motivierter Lehrer gab sich mit hoch rotem Gesicht die größte Mühe uns auf den Pfad der Aufklärung zu führen. Als er allerdings die Bilder von weiblichen und männlichen Geschlechtsorganen mit dem Beamer in Großformat auf die Wand projizierte waren wir kichernde Kinderbande außer Rand und Band. Das war es! Dies erwies sich als einziger Versuch. Danach war das Thema Sexualkunde vom Stundenplan unserer Klasse gestrichen.

Somit standen Frau Dr. Sommers schriftliche Statements und verbale Erläuterungen, die wir uns von den älteren Jugendlichen einholten, hoch im Kurs.

Heute - so wird angenommen - ist ja alles besser. Das Internet bietet dazu enorm viel Wissen, auf das der Suchende einfach mit ein paar Mauseklicks zugreifen kann. Ebenso steht in vielen Schulen

Sexualkunde als fix eingeplantes Fach im Lehrplan hoch im Kurs. Somit sind die Kinder und Jugendlichen mit Wissen von allen Seiten bestens bedient. Allerdings zeigen Studien, dass Kinder ebenso heute noch recht unwissentlich sind. Dies belegen zudem die hohen Geburtenraten von Nachwuchs, die von Kindern im Alter zwischen 13 und 17 geboren werden. So glauben z.B. Jugendliche, dass eingeführtes Sperma während eines Bades zu keiner Schwangerschaft führen kann.

Somit lässt sich festhalten: Es liegt an jedem Elternteil seine Kinder nach besten Wissen aufzuklären und sicherzustellen, dass sein Kind weiß, worum es geht, was wichtig ist, wie vor Aids sowie Geschlechtskrankheiten geschützt wird und wie es zu einer Schwangerschaft kommen kann.

Dies setzt natürlich voraus, dass die Eltern selber wissen, wie was funktioniert. Und gerade wir Frauen sollten aus dem Stegreif erklären können, wie unser Menstruationszyklus funktioniert und wie es um unsere Geschlechtsorgane steht, denn diese sind ein wichtiger unverzichtbarer Teil von uns selbst.

Wenn du dich dabei ertappst, dass du nicht genau weißt, was wo ist und im Internet recherchieren müsstest um deinen monatlichen Zyklus erklären zu können, sei beruhigt. Da bist du nicht alleine. Vielen Frauen geht es so. Schaffe Abhilfe indem du dich nun schlau machst. Dazu habe ich am Buchende eine Erklärung der Geschlechtsorgane von Frau und des Mannes (kann ja nicht schaden) eingebaut und zudem eine Erklärung des Menstruationszyklus hinzugefügt, die dir einen guten Einblick in die Wunderwelt des Frauenkörpers gibt.

Tatsächlich ist der Frauenkörper ein wahrer Schatz, dem die Fähigkeit des Erschaffens eines neuen Menschen wahrlich in den Schoss gelegt wurde. Keine Maschine, Computer und kein Mann sind fähig dazu! Das ist einzig und allein den Frauen vorbehalten. Frauen sind Picassos und Leonardo da Vincis, denn sie schaffen wahre menschliche Kunstwerke. Das gilt es sich vor Augen zu halten.

Bitte nicht stören...

Die Grundvoraussetzung für eine erfüllte Sexualität ist das Erforschen des eigenen Körpers. Dazu gehört natürlich ebenso die Selbstbefriedigung! Nur wenn du dich selbst kennst, kannst du nach Außen kommunizieren, was du gerne magst. Deshalb gilt es – egal in welchen Alter du nun bist – dass du dir Zeit und die Muße gönnst, dich und deinen Körper zu erforschen. Es ist wunderbar dies zu tun, denn dein Körper ist ein Schlaraffenland an Emotionen, die nur darauf warten von dir selbst entdeckt und erforscht zu werden.

- **Nimm dir Zeit**
  Diese Entdeckungsreise braucht Zeit. Gönne dir diese. Plane diese intime Zeit für dich mehrmals in der Woche ein.

- **Mach dich schlau**
  Es ist durchaus hilfreich, wenn du deinen eigenen Körper kennst. Dazu solltest du wissen, wie die sexuelle Erregung bei Frauen funktioniert. Siehe dazu Tipp auf der Rückseite.

- **Wähle einen ruhigen und privaten Ort**
  Um dich richtig fallen zu lassen brauchst du einen ruhigen, privaten Ort, wo du dich zurückziehen kannst. Dienlich ist es die Türe abschließen zu können.

- **Gehe deinem Gespür nach**
  Hab keine Scham vor deinen Körper. Dieser ist mit all seinen wunderbaren Empfindungen dazu gemacht worden, dass du die Wunder der Gefühle für dich nutzt. Somit lass dich ganz auf dein Gespür ein und entdecke dich ohne Scham gänzlich.

- **Pflegeprodukte zum Verwöhnen**
  Nutze die große Vielfalt von Pflegeprodukten wie zum Beispiel Öl. Diese fühlen sich wunderbar an und riechen zudem phantastisch. Dadurch wird auch dein Geruchssinn animiert und steigert deine sinnliche Empfindsamkeit.

- **Neue Praktiken ausprobieren**
  Du hast Lust neue Sexpraktiken auszuprobieren? Traust dich aber nicht? Du willst experimentieren, weißt aber nicht wo? Es gibt eine Vielzahl von unterschiedlichen Sexpraktiken, wie Swinger Club, Sex mit Gleichgeschlechtigen, flotter Dreier, Gruppensex, Bondage etc. Das Internet öffnet dazu Tür und Tor um sich mit Gleichgesinnten zu vereinen. Noch nie war es so einfach um zu erfahren, was wann und wo ganz nach deinen Vorlieben stattfindet. Es liegt somit nur an dir selbst, diese Informationen herauszufinden und für dich zu nutzen.

  Achtung: Lass deinen gesunden Verstand nicht außer Acht. Erkundige dich eingehend über das Establishment und Personen, bevor du dich auf dieses fremde Gefilde einlässt. Deine Lust darf dich nicht von deinem klaren Verstand ablenken. Dann sind der Genuss und Vergnügen auch sicher!

- **Sex Spielzeuge**
  Soll es denn mal ein Sexspielzeug sein? Warum nicht? Lass dich von der Vielfalt der Möglichkeiten inspirieren, indem du zum Beispiel in einen *Beate Uhse* Laden gehst. Das Internet bietet ebenso eine Vielfalt an großer Auswahl auf die du innerhalb weniger Mausklicks Zugriff hast. Ausprobieren!

- **Sich fallen lassen**
  Unverzichtbar ist bei der erfüllten Sexualität das sich Fallenlassen. Lass deine Hemmschwelle hinter dir und vertraue deinem Körper, der weiß was er will. Lass Bedenken oder Schamgefühlen los. Indem du einfach deinem Gefühl, Begierden und Lust freien Lauf lässt, wirst du deinen Körper neu entdecken. Der menschliche Körper ist mit all seinen tausenden von Zellen ein wunderbares Konstrukt an Empfindungen und Gefühlen, das gerade in der aktiven Bewegung zu einem großen Meer an Emotionen führen wird.

Probiere es einfach aus!

124

Welche sexuellen Erfahrungen bringst du mit?

Eine jede Person steht in Bezug auf der sexuellen Erfahrung an einem anderen Punkt. Während die Einen mit ihrer Sandkastenliebe ihre gesamten sexuellen Erfahrungen gesammelt haben, haben die anderen ihre Erfahrungen in weit aus mehreren Gefilden erkundet. Dabei ist nicht wichtig mit wie vielen Partnern du deinen Körper zur Ektase gebracht hast, sondern was du daraus mitgenommen hast.

Eine Vielzahl von Frauen hat mir bestätigt, dass sie One-Night-Stands als wohl die unkomplizierteste Form von Beziehung erlebt haben, solange sie sich auf rein körperlichen Ebene beschränkt.

Der Grund liegt auf der Hand: Beide Parteien wissen um was es geht: Um Sex und um Spaß! Ohne Wenn und Aber, ohne sich zu fragen was am nächsten Tag ist, ohne viel voneinander zu wissen, lassen beide ihre Körper sprechen, lassen ihrer Lust freien Lauf. In dieser Form der Beziehung ist es möglich, gänzlich ihre Wünsche und sexuellen Phantasien einzufordern und auszuleben. Wertfrei! Beide wollen dasselbe. Durchaus eine interessante Erfahrung, die sich in dem gegenseitigen Verständnis zu neuen Selbsterkenntnissen führt.

Im Gegensatz dazu steht das einzigartige *„Liebe machen"* mit jenem Menschen, für welche tiefe Gefühle - sprich pure Liebe - empfunden wird. Diese einzigartige Form von menschlicher Nähe im Zusammenspiel mit der Sexualität wird von vielen Menschen als die absolute Ektase betitelt, nach welchen sie sich sehnen und streben.

Nun stell dich kritisch den Fragen, wie deine bisherigen sexuellen Erfahrungen im Vergleich mit deinem Verlangen stehen. Wie weit sind deine bisherigen Erfahrungen im Vergleich zu deinen Wünschen? Was wünschst du dir? Wovon träumst du? Achte darauf, dass du dich nicht bewertest. Es ist dein Buch, Gedanken, Verlangen. Es ist nicht verwerflich, diese dir selbst einzugestehen.

____

ÜBUNG

____

Wonach sehnt sich dein Körper? Wonach verlangt er?

____

Wenn es dir schwerfällt, diese Fragen in einem Zug zu beantworten, dann lass dir bitte Zeit. Es kann durchaus sein, dass deine inneren Wünsche noch nicht ganz für dich sichtbar sind. Gegebenenfalls hast du über die Jahre viel Staub darüber fallen lassen und nun braucht es seine Zeit, um diesen Unrat zu entfernen. Du hast durch dein Bemühen Antworten zu finden dein Denkprozess bereits angestoßen. Stelle sicher, dass du immer etwas zu Schreiben dabeihast, sodass du Blitzgedanken die sich einstellen werden niederschreiben kannst. Es formt sich. Die Samen sind gesät. Je mehr Antworten du ausgräbst und niederschreibt desto klareres Bild hast du von dem, was du dir effektiv wünschst.

Was ist dein Fazit aus diesen Gedankengängen, aus dieser Forschungsreise in dem Inneren? Was lernst du daraus?

FAZIT

____

Sex... gleich beim 1. Mal?

Als ich ein Teenager war und sich langsam mein Körper zu jener einer Frau entwickelten, hörte ich mehrmals von Frauen aus meiner Familie jenen berühmten Spruch: *„Gib dich nicht gleich beim ersten Mal hin... Du machst dich viel interessanter, wenn du den Mann etwas zappeln lässt...".* War dies bei dir auch so?

Ein weiser Spruch, der sehr viel Wahrheit in sich trägt, wie ich im Laufe meiner Jahre erfuhr. Ich gebe zu, dass ich mich nicht immer an diesen Spruch gehalten habe (*wäre nur der halbe Spaß, nicht wahr?*). Umso mehr kann ich persönlich aus meiner Erfahrung nur bestätigen, wie unheimlich wichtig es ist, dass der Mann seinem Jagdinstinkt nachgehen darf. Ja darf! Es ist für den Mann das Um und Auf, sich um das *Opfer seiner Begierde* zu umwerben, zu umgeben und zu bemühen. Die wenigsten Männer geben dies offen zu. Zumeist sind sie sich ihres eigenen Verhaltens, teils getrieben durch ihre Gene, gar nicht bewusst.

Wenn du an einem Mann wirklich interessiert bist, du bereits Gefühle für ihn entwickelt hast und von ihm mehr möchtest, als nur einen One-Night-Stand, dann gilt klar nur die eine Regel:

Kein Sex beim ersten Mal!

Warum? Ladies, ihr macht euch interessanter, ihr weckt diese Lust nach der Jagd in dem Mann und dabei bist du ganz klar das Ziel in seinen Augen. Versuche dich mal ganz kurz in seine Perspektive zu versetzen. Würde es dir Spaß machen, wenn sich das Wild das der Jäger schon seit Wochen beobachtet einfach vor ihn hin hinlegt um sich zu ergeben?! Zu krasser Vergleich? Aber in Grunde genommen ist es genau dasselbe mit dir als Frau.

Wenn sich der Mann anstrengen, sich weiter aus dem Fenster lehnen, Zeit und auch all seinen Charme investieren muss, um dich als Frau zu erobern, ja dann wirst du als Frau für den Mann noch interessanter. Jeder Mann der augenblicklich das Interesse verliert, nur weil du dich ihm nicht gleich bei den ersten Dates nicht gleich hingibst, ist keinen Gedanken mehr wert. Glaube mir!

Ich gehe sogar so weit zu sagen, dass bei ernsthaften Interesse an einem Mann durchaus die Strategie angewendet werden kann, dass das *„dich ihm hingeben"* oder *„mit ihn in die Kiste zu steigen"* von dir solange wir möglich hinausgezögert werden sollte.

Das macht die Spannung richtig elektrisch und das Adrenalin wird so richtig geweckt.

Ladies, dies ist das absolute Ausleben deiner *Vollblutfrau* in dir. Wir haben mit unseren sexuellen Reizen eine enorme Anziehungskraft auf die Männer und diese gilt es nicht auf einmal zu übergeben, sondern in Häppchen. Du bist das schön verpackte Paket – schön mit einer goldenen Schleife – und dies liegt nun vor ihm. Wie sehr glaubst du lächelt es ihn an, an dieser Schleife zu ziehen und das Geschenkpapier wegzureißen…

Es wirkt Wunder. Als *Vollblutfrau* trägst du diese Geduld und dieses

Wissen in dir. Nun gilt es dies auch umzusetzen. Du machst dich bei dem Mann weitaus interessanter und bist viel spannender, wenn er eben nicht gleich das ganze Paket in einem erhält.

Zudem ist es eine Respektfrage. Das Vereinen deines Körpers mit dem eines anderen ist ein wundervoller Akt, solange dieser mit Respekt und Wertschätzung vollzogen wird. Besonders schön wird dieser Akt, wenn nebst Sympathie, Respekt und Interesse tiefere Gefühle wie Liebe hinzukommen. Damit meine ich nicht direkt die Romeo und Julia Liebe, sondern die Liebe in Form von einem jungen Samen, der das Potenzial zu etwas Größerem hat.

Diesem gegenseitigen Wachsen Zeit zu geben und mit Zurückhaltung in der sexuellen Aktivität die Erwartung zu steigern, hat eine einzigartige Empfindung zur Folge, die mit einer steigernden Lust und erhöhten Spannung belohnt wird. 

Ich spreche da aus Erfahrung. Mit diesem Agieren, mit dieser Entscheidung *„es langsam anzugehen“*, fielen so manche Männer durch mein Raster. Dafür bin ich dankbar. Ebenso erlebte ich wunderbare Erlebnisse, die ich mit einem schnellen One-Night-Stand nicht in dieser Form und Intensität erlebt hätte. Meine klare Entscheidung war dabei: **Ich wollte nicht eine von vielen sein!** Dafür war und bin ich mir immer schon zu schade gewesen. Ich weiß nämlich, dass ich als eine *Vollblutfrau* ganz und gar hinter meinen Prinzipien und Entscheidungen stehe. **Denn das ist einer der wahren Stärken einer *Vollblutfrau*.**

FAZIT

Was nimmst du für dich aus diesen Zeilen mit? Willst du deine *Vollblutfrau* in dir diesen Raum, Zeit und Freiheit einräumen?

____

____

Menopause… und dann?

Zyklen sind Teil des Lebens. Unverzichtbare Fakten der Erde. Dies spiegelt uns die Natur mit den vier Jahreszeiten wieder und hält auch im menschlichen Körper unaufhaltsam Einkehr. Dabei zeigt sich dies im normalen Alterungsprozess wieder, dem alle weltlichen Lebewesen und Lebensformen unterstellt sind. Daran gilt es nichts zu rütteln und ist nicht veränderbar.

Der Frauenkörper zeigt eine besondere Zyklen Entwicklung. Nachdem die monatliche Menstruation die Gebärmöglichkeit im Alter von durchschnittlich 15 Jahren einläutet, tritt die Frau im Alter zwischen 45 und 55 in eine neue Form des *Frau-Sein* ein. Der Eintritt in die Wechseljahre! Dabei stellt die Menopause für viele Frauen ein einschneidendes Erlebnis dar. Das Wissen nicht mehr gebärfähig zu sein, lässt Frauen an ihrer Weiblichkeit zweifeln. Sie fühlen sich nicht mehr als Frau und ziehen sich in ihrem neuen Sein zurück, statt sich an dieser neuen Form zu nähren und zu wachsen.

Derweilen bietet dieser Eintritt in die Wechseljahre neue Perspektiven und Möglichkeit. Als Standortbestimmung genutzt, sowohl familiär wie auch beruflich, bietet sich diese Erfahrung als Beginn eines neuen Lebensabschnittes.

Frau-Sein bedeutet nicht, die monatlichen Blutungen zu haben. Ebenso wenig bedeutet es, eine *Vollblutfrau* zu sein, wenn Frau Kinder gebären kann. Ganz im Gegenteil! Jeder einzelne Schritt, Prozess des gänzlichen *Frau-Seins* bedeutet, seine eigene Authentizität näher zu kommen und zu entwickeln.

Dies beginnt mit dem Wachstum des eigenen Körpers, dem Eintritt der Monatsblutungen, dem Erleben dieser Weiblichkeit. Dazu gehört, dass sich der Kreis des Zyklus schließt, indem die Spanne des Gebärens sein Ende findet. Mutter Natur hat dadurch dem Frauenkörper das Tor zu diesem Wunder geschlossen, aber es gleichzeitig geschafft ein neues Tor zu öffnen.

Die Intensität der eigenen Sexualität kann in der Empfindlichkeit durchaus ansteigen, da es in Bezug auf Verhütung keine Maßnahmen mehr benötigt. Natürlich stets in einer Monogamie behaftenden Beziehung bedacht. Unverzichtbar ist in einer Polygamie oder One-Night-Stands aufgebauten Beziehungen das Kondom, denn dies schützt vor Geschlechtskrankheiten und Aids. Zudem haben reifere Frauen eine reinere und respektable Liebe zu ihrem Körper entdeckt, was die Intensität der Sexualität steigert.

Egal welcher Form von Beziehung du auslebst, entscheidend ist, dass du dich als *Vollblutfrau* gänzlich authentisch annimmst, dich daran erfreust und auslebst. Erst recht ab den Beginn der Wechseljahre!

Lust im Einklang mit dem Leben in Balance

Als *Vollblutfrau* kennst du deine Lust und weißt mit ihr umzugehen. Du sprichst mit ihr, schenkst ihr die Beachtung, pflegst sie, respektierst sie und lebst sie sowie es für dich passt aus.

Falls du deine Lust noch nicht so ganz zuordnen kannst, so erkenne, dass du als *Vollblutfrau* ihrer ganz bewusst bist. Vielleicht noch etwas unterschwellig, aber sie brodelt in dir.

Wenn wir von den Lebenssäulen sprechen, ist zumeist von den 4 Bereichen wie *Sinn, Beruf, Partnerschaft* und *Körper* die Rede. Im erweiterten Sinne sehe ich das Leben in Balance nach den 5 Säulen der Identität von H.G. Petzold, das sich wie folgend aufbaut:

- **Tätigkeit & Job:** Was ist meine Berufung?
- **Materielle Sicherheit:** Wie bin ich finanziell gestellt?
- **Wert & Ziele:** Was sind meine Werte? Meine Ziele?
- **Körper & Aussehen:** Was tut meinem Körper wirklich gut?
- **Sozialer Kontakt:** Mit wem möchte ich die Zeit verbringen?

Da diese 5 Teile unmittelbar miteinander verbunden sind, findet sich die *„Lust auf…"* in allen Bereichen als unverzichtbare, wichtige Faktor wieder, der die Lust im Allgemeinen ins Rampenlicht stellt.

In dieser Betrachtung entstehen viele Formen von Lustanregung. Wie etwa das Kochen, bei welchen intensivsten Düften die vielseitigen Geschmackssinne animieren und einem das intensive Verlangen diese Leckerei zu probieren, das Wasser im Mund zusammenlaufen lässt. Oder das vorsichtige Schnuppern an einer intensiven duftenden Blume, das dich mit geschlossenen Augen auf eine Blumenwiese führt und du die große Lust verspürst, dich mit offenen Armen in dieses endlose farbenfrohe Blumenmeer zu stürzen.

Ich erlebe das Ritual des Fotografierens als ein Lustspiel, bei welchen ich den jeweiligen Moment durch die Kameralinse in Hundertstel-sekunden einfange. Ebenso ist es für mich pure Lust den verschiedenen Musikstilen entspannt zu lauschen, während ich die unterschiedlichen Geschmacksnoten eines Rotweines eruiere. Wenn ich während eines kilometerlangen Laufes meinen Körper im absoluten Flow spüre, lässt mich ein unfassbares Lustgefühl die Welt umarmen. **Jede dieser Lustempfindung ist ein Gefühlshöhepunkt!**

Als *Vollblutfrau* setze ich diese bewussten Schritte ein, um mein Lustverlangen zu pflegen und dadurch zu steigern. Dabei lasse ich mich von keine Schranken und Hindernissen meiner Lustempfindungen entfernen. Im Gegenteil. Ich bin und bleibe dabei stets experimentierfreudig!

Sei auch du experimentierfreudig!

Was tust du dir Gutes um deine Lust individuell zu animieren, inspirieren? Wie trainierst du deine Lustempfindung?

____

____

Was wirst du zukünftig bewusster in dein Leben integrieren um mehr von deiner Lust wahrzunehmen und auszukosten?

____

Die 5 wichtigsten Erkenntnisse & Leitsätze aus diesem Kapitel sind:

Entscheidungen treffen, JETZT

Jede Veränderung beginnt mit dem ersten Schritt des sich Entscheidens. Genau da liegt meist der Hacken. Es ist erstaunlich, wie schwer sich Menschen tun eine Entscheidung zu treffen. Irrelevant in welchen Lebensbereichen Menschen vor einer Situation stehen oder an einer Kreuzung ankommen sind. Allesamt haben eines gleich: Es ist es unumgänglich sich für einen Weg zu entscheiden.

Entscheidung = Trenne dich und lasse los
Ich habe viele Menschen im Beruf und auch privat erlebt, die sich um eine Entscheidung ringend selbst peinigen. Ihr Leben enorm schwer machen, indem sie sich zu einem Für extrem hingezogen und im gleichen Zug von einem Wider extrem wegdrängen lassen. Das Tauziehen der Superlative hält dabei unentwegt Einzug.

Was übrig bleibt ist verpuffte Energie und ein noch größeres Fragezeichen als vorher. In der Angst verharrt in dieser fragenden Situation eine Fehlentscheidung zu treffen, wird sodann der Weg der Passivität gewählt. Derweilen ist eine Fehlentscheidung stets besser, als gar keine Entscheidung zu treffen. Denn Leben bedeutet gehen, sich bewegen und nicht verharren oder gar erstarren.

Wie das Wort Ent-*Scheiden* schon in sich trägt, geht es dabei um das Eine: **Sich von etwas zu scheiden, zu trennen.** Etwas Loslassen um gleichzeitig was Neues zuzulassen.

Wo sich eine Türe schließt, öffnet sich eine Neue!

Das ist eine wertvolle Lebensweisheit! Das klingt doch eigentlich recht vielversprechend. Wir alle wollen Neues erleben, Unbekanntes erforschen, neue Dinge kennenlernen, neue Orte erkunden.

Warum fällt es uns Menschen dann so schwer altes loszulassen?
Zumeist baut dies auf dem angstvollen Glauben auf, dass das Neue

sicherlich nicht besser ist als das Alte. Mit diesem Verhalten zeigt sich, welche Grundeinstellung der Mensch hat.

Ist er wagemutig, risikofreudig und hat Selbstvertrauen, dann geht er den neuen Weg. Ist er ängstlich, mutlos und hadert mit sich, wird er in dem alten Muster verharren, denn er ist starr im Denken und Handeln. Dabei kommt mir die Redensart *Lieber den Spatz in der Hand, als die Taube auf dem Dach...* in den Sinn. In der Bedeutung sagt diese aus, dass es mehr wert ist, einen kleinen Nutzen sicher zu haben, als die Aussicht auf einen großen Nutzen, wenn der mit dem Risiko verbunden ist, am Ende gar nicht zu haben.

Dieses Verhalten ist bei vielen Menschen erkennbar. Sie beklagen ihre aktuelle Situation, bejammern dies kontinuierlich und bemitleiden sich selbst in ihren – für sich unlösbaren – Missstand. Stattdessen ist die Lösung, der neue Weg, das neue Leben nur EINEN Schritt entfernt. 

Die Scheuklappen erlauben nur den Tunnelblick mitsamt den all bewährten Weg. Es gilt die Scheuklappen abzulegen und vom Tunnelblick in den Weitblick zu wechseln! Wer an einer Kreuzung steht hat zwei Möglichkeiten:

1. **Option: Der Schritt zurück...** Den Weg von wo du gekommen bist wieder zurückzugehen! Das bedeutet, sich bewusst nicht auf das Neue, Unbekannte einzulassen und all die Chancen, Freuden und Erlebnisse ungelebt verstreichen lassen. Stattdessen in alt Wohlbekanntes zurückkehren.

2. **Option: Der Blick nach vorne...** Den ersten Schritt in die neue Richtung zu machen. Dies bedeutet, die Angst vor dem Ungewissen und Unbekannten hinter sich zu lassen und stattdessen den Weg in eine unbekannte, spannende, neue Welt zu gehen. Du weißt, dass alles gut wird und dass dein weiblicher Instinkt und deine Intuition dich leiten wird.

Welchen Weg du auch gehen wirst. Eines ist unumgänglich klar: **Du triffst ganz klar – im Hier und Jetzt - eine Entscheidung!**

Wobei deine Entscheidung im JETZT über deine Zukunft im Morgen entscheidet. Dein ICH von morgen ist abhängig von deinen Entscheidungen in der Gegenwart. Das heißt, jede deiner Entscheidung im Heute hat automatisch eine Auswirkung auf deine Zukunft. Ganz nach dem Gesetz der Ursache und Wirkung.

Somit gilt es weise eine Entscheidung zu treffen. Wenn du den Weg zurückgehst, wird sich nichts ändern. Du verharrst weiter in deinem Hamsterrad und strampelst tapfer weiter. Derweilen wird deine Unzufriedenheit stetig wachsen und zunehmen.

Wählst du bewusst den Weg nach vorne, magst du zwar unbekannte Gefilde betreten, allerdings sind diese voller Abenteuer und wecken deinen Entdeckergeist. Deine Neugierde, Forschungsdrang, Freude nach allem Neuen ist Lebensfreude (!) pur, ein Elixier, das dich in neue Sphären von Erleben führt.

Wie ist das bei dir? Stehst du an einer Kreuzung? Musst du dich entscheiden? Weißt du dir keinen Rat? Die Angst plagt dich? In welcher Situation befindest du dich aktuell?

____

____

Was gilt es zu tun? Du kennst deine Antworten. Du weißt genau in welche Richtung du gehen solltest. Allerdings neigen wir Menschen dazu nach Referenzpunkte Ausschau zu halten, sprich Bestätigungen zu suchen, die uns in unserem Bestreben bestärken.

**Deine Intuition, deine innere Stimme ist dir
ein weiser Ratgeber!**

Schenke deiner Intuition deine Aufmerksamkeit. Höre in dich hinein.

Was sagt deine innere Stimme? Höre achtsam darauf und du findest Zeichen und Antworten. Was hast du für dich daraus gelernt? Was entscheidest du nun?

Definiere deine Werte

Werte sind Eigenschaften und Lebensqualitäten, die wir als wertvoll und erstrebenswert ansehen. Jeder Mensch trägt Werte in sich nach denen er handelt und sein Leben ausrichtet. Zudem richten wir unsere Regeln und Prinzipien danach. Obwohl uns diese Werte fundamental im Leben die Ausrichtung geben, investieren wir zumeist wenig bis keine Zeit um uns derer bewusst zu werden. Somit lade ich dich ein dir deiner Werte bewusst zu werden.

Gehe in dich und schreibe all deine Werte (wie z.B. Glück und Mut) nieder die dir in deinem Leben wichtig sind. Stelle dir dabei folgende Fragen: Was ist dir wichtig? Nach welchen Werten lebst du? Bestimmst du? Wertest du? Am Ende des Buches findest du eine Liste *Übersicht von Werten* (*Seite 177*), die dir bei deiner Auswahl behilflich sein wird.

Nun hast du einen guten Einblick über deine Werte nach denen du dein Leben ausrichtest. Jetzt geht es darum deine 5 wichtigsten Werte zu definieren, denn diese sind es, die dich am meisten leiten. Es ist für dich und dein Leben wichtig deine Werte zu kennen. In Phasen der Entscheidung lässt du dich von diesen Werten - sei dies bewusst oder unbewusst - leiten.

Wie findest du nun deine wichtigsten Werte heraus?

1. Lese dir deine Liste mit deinen Wert durch.

2. Sind Werte parallel aufgeführt, dann entferne eines davon.
    (z.B. sind Freiheit und Unabhängigkeit Werte die sich ähneln)

3. Wähle daraus 5 Werte, die dich extrem ansprechen.

4. Überprüfe ob deine Auswahl tief aus deinem Herzen kommt.

5. Erstelle eine Beschreibung deiner 5 gewählten Werte.
    (z.B. Freiheit bedeutet für mich…)

6. Entscheide dich jetzt!

Folge diesen Schritten und du wirst deine für dich wichtigen Werte finden. Schreibe nun deine **5 wichtigsten Werte** zusammen:

1. ____

2. ____

3. ____

4. ____

5. ____

Deine Werte zu kennen bedeutet dich selbst zu kennen. Eine *Vollblutfrau* kennt ihre Werte bestens und richtet sich danach. Überprüf' deine Werte stets, denn das Leben beschenkt uns gerne mit neuen Werten. Ebenso verschieben sich die Wertigkeiten.

Was gestern noch wichtig erschien, ist heute irrelevant und morgen gänzlich unwichtig. Deshalb ist das regelmäßige Hinterfragen ein Muss, das zu einem besseren Verständnis deines Ich's führt.

FAZIT

Wie hast du dieses Erarbeiten, das Definieren deiner Werte erlebt? Fiel es dir schwer? Was hast du daraus gelernt?

____

Wo geht deine Reise hin?

Das Ziel deiner Reise zu kennen ist für das erfolgreiche Erreichen unverzichtbar. Uns allen wurde nur eine limitierte Zeit auf dieser Erde in die Wiege gelegt. Somit gilt es keine Zeit zu verlieren, sich seines Zieles bewusstwerden und darauf anzustreben.

Was ist dein Ziel?

Auf diese Frage wissen viele Menschen keine Antwort. Zögern und überlegen. Wie ist das bei dir? Kennst du dein(e) Ziel(e)? Wünsche? Träume? Halte diese hier nun schriftlich und wertfrei fest:

Du trägst in dir einen Kompass, ein Radargerät, das dich zielgerecht an dein Ziel führt. Ebenso bist du mit einer wunderbaren Karosserie – deinem Körper – ausgestattet, dass dich mit seinem Wunderwerk an Kraft ebenso unterstützt um dich zu deinem Ziel zu führen. Hinzukommt eine perfekte Software – dein Gehirn – das sobald dein Ziel in den GPS eingegeben wurde, dir die verschiedenen Routen aufzeigen werden. Es liegt nur an dir zu entscheiden, welche Route du auswählst. Mit all diesen perfekt miteinander synchronisierten Werkzeugen, die du mitbekommen hast, geht es an die Realisierung und Zielanpeilung. Allerdings nützen dir diese Utensilien nichts, wenn du nicht weißt, wohin deine Reise geht.

Ich vergleiche dies mit einer Reise über das Meer. Als Kapitän deines Schiffes – das mag nun ein moderner Schnellbootflitzer, ein anmutiges dreimastiges Segelboot oder ein Piratenschiff sein – stehst du stolz auf der Brücke. Der Wind weht, der Motor dröhnt, die angezogene Bremse zerrt und deine Mannschaft blickt dich erwartungsvoll an und wartet… Worauf? Auf deinen Befehl! Genau… Alles ist parat… Und doch geht es nicht vorwärts. Warum? Deine Mannschaft weiß noch nicht, wohin die Reise geht. Sie warten auf deinen Befehl, deine Zielangabe. Somit musst du dich nun kundtun wohin die Reise hin.

Du bist die *Vollblutfrau*, die genau weiß, was sie will. Sie kennt ihren inneren Ruf, sie kennt ihr Ziel, sie weiß genau, was Sache ist. Sie weiß, dass es an der Zeit ist, dieses nun schwarz auf weiß zu benennen. Sie weiß, dass die Bremsen gelöst werden müssen, denn der Wind ist bestens, das Wetter ist ideal, der Zeitpunkt ist perfekt. Also…. Bekenne…

Wo geht deine Reise hin? Schreibe ohne lange zu überlegen – ohne zu werten -, wonach deine innere Stimme schreit. Wovon träumst und lechzt du? Wohin soll dein Schiff dich bringen?

____

____

____

____

Konntest du dein Ziel klar Schiff machen?

Als *Vollblutfrau* trägst du alle Antworten in dir! Das ist Fakt! Es geht einzig darum deine Mauern des Zweifelns, der Angst, der Unsicherheit zu durchbrechen. Keiner außer dir selbst kennt deine Ziele, deine Wünsche, dein Bestreben, ja deine Berufung besser.

Falls es anfangs mit den Antworten noch nicht so flutscht, sei nicht zu streng mit dir selbst. Es bedarf nicht selten seine Zeit um den Staub wegzuwischen. Bleib konsequent dran. Wichtig dabei ist, dass du dich ab sofort mit diesem Thema auseinandersetzt. Hinterfrage dich. Sei wachsam und beobachte dich in deinem Umfeld. Es werden sich dir Zeichen vorgelegt, die dir deine Antworten präsentieren.

Was hast du aus dieser Reise gelernt? Was nimmst du mit?

____

Wie weit bist du von deinem Ziel entfernt?

Nachdem du dein Ziel definiert hast, ist die Frage, wie weit du davon entfernt bist. Schließlich geht es um das Realisieren dessen. Deshalb ist es gut zu wissen, wo du stehst und was es braucht um an dein Ziel zu kommen.

Durchaus glauben Menschen, dass es mit dem Realisieren, dem Erkennen, Festlegen, dem Benennen der Ziele und einer guten Portion von positiven Denken getan ist. Das ist aber nicht korrekt!

Das wäre wunderbar, wenn es so einfach ginge. Allerdings bedarf es schon mehr. Jeder Sportler wird dir dies bestätigen. Allein mit dem Wunschdenken und positiven Zuspruch wachsen seine Muskeln nicht. Tägliches hartes Trainieren und kontinuierliches Steigern des Gewichtes lassen seine Muskeln formen. Dadurch kommt er täglich seinem Ziel den Marathon erfolgreich zu laufen näher. Somit bedeutet dies für jeden von uns:

Zielerreichung heißt konsequent daran arbeiten!

In diesem Zusammenhang ist es unverzichtbar, Abklärungen zu tätigen, um herauszufinden, was es braucht, um dein Ziel zu erreichen. Möchtest du eine erfolgreiche Unternehmerin werden? Dann musst du dir das notwenige Wissen aneignen anhand von einer Weiterbildung oder einem Studium. Ein Coach oder Mentor kann dir zudem auf den Weg wertvolle Tipps geben. Sehnst du dich danach eine Pferderanch auf einer Finca in Mallorca zu eröffnen? Ohne den notwendigen Sprachkenntnissen wie Spanisch läuft gar nichts und das nötige Managementwissen kann dir zudem von enormen Nutzen sein.

Das heißt, dass das Erkennen deines Zieles erst der Anfang ist. Deine Initiative, Agieren, dein in die Tat umsetzen entscheidet darum, ob du erfolgreich das Ziel erreichen wirst oder nicht.

Das Motto lautet: HANDELN. Das ist die Hauptregel und an dieser lässt sich nicht rütteln. Es gibt auch keine Ausflüchte und keine Kompromisse. Wie das Wort Kompromisse schon

140

darlegt, geht es ums missen. Wissen zu missen ist ein No-Go.

Willst du dein Ziel aus tiefsten Herzen realisieren? Willst du den Weg mit allen den Konsequenzen und Entbehrungen gehen? Ist das Realisieren deines Zieles dein innerster Ruf? Willst du all deine Stärken bündeln um dein Ziel zu erreichen?

Schrei dein lautestes JA raus. Denn du wirst enorm viel Kraft, unendliche Energie, ununterbrochene Ausdauer und den unbeugsamen Willen brauchen, um dein Ziel zu erreichen. Zudem brauchst du dieses Brennen in dir, diesen tiefen Herzenswunsch, diese klare Vision, die es dir in den Finger kribbeln lässt.

Spürst du dieses tiefe Verlangen nicht, kann dies eigentlich nur eines bedeuten: Du hast nicht wirklich dein wahres Ziel, dein inneren Ruf Ziel, deine Berufung definiert, sondern stattdessen ein kleineres Meilensteinziel herausgefiltert.

Was dann? Somit musst du dich bitte nochmals hinterfragen und deine innere Stimme um Antworten für dich so entscheidenden Thema bitten. Wenn du bereit bist für dein Herzensziel mit wehenden Fahnen ins Zielgelände zu rennen, braucht es folgendes:

- Erstelle ein Zielboard mit Bildern & Sprüchen deines Zieles.

- Stelle fest, was es zur Zielerreichung benötigt.

- Erstelle einen klaren Ziel-Erreichungs-Plan (To-Do & Zeitplan).

- Du bleibst konsequent dran.

- Bist bereit auf Dinge zu verzichten.

- Tust täglich mind. 3 Dinge um deinem Ziel näher zu kommen.

- Verbinde dich täglich mehrmals mit deinem Ziel/Visionboard und fühle wie es sich anfühlt, dein Ziel realisiert zu wissen.

- Halte jeden Tag in deinem Glücksjournal deine Ziele fest.

- Schreibe täglich in dein Glücksjournal deine Erfolge nieder.

- Täglich Bedanken für das Erreichen deiner Ziele & Erfolge.

Du bist deinem Ziel nur einen Schritt entfernt!
Und zwar den Ersten!

Sobald du dich von Herzen entschieden hast dein Ziel mit all seinen Konsequenzen und Meilensteinen, die es dazu braucht, auf konsequente und unerschütterliche Art und Weise zu gehen, bist du bereits auf dem Zielfeld! Der Einzige der bei der Realisierung deiner Ziele im Wege steht, ist nur eine Person: DU SELBST!

Löse dich von deinen Zweifeln, lege diese schweren Fesseln ab und mache dich entschlossen auf deinen Weg. Dein Ziel wartet bereits auf dich! Was ist dein Fazit daraus? Was nimmst du mit?

FAZIT

Zweifle nicht, sondern handle mutig

An sich und an seine Sache zu zweifeln, kostet viel Energie und bringt dich keinen Schritt weiter. Im Gegenteil! Zweifeln fördert den Rückschritt. *Zwei*-fel trägt das Wort *zwei* in sich. Somit hat es zwei Seiten, zwei Wege, zwei Sichtweisen, zwei Entscheidungen aus denen du wählen kannst. Die Frage ist, in welche Richtung lässt dich dein eigener Zweifel hinziehen. Wofür entscheidest du dich schlussendlich?

„Der Zweifel ist der Schatten eines Menschen im Dunkeln..." besagt ein japanisches Sprichwort. Du als *Vollblutfrau* stehst aber nicht im Schatten, sondern voll im Licht, im Spot deines Lebens. Du weißt was du willst, wohin deine Reise geht, wohin du dein Schiff steuerst und mit all deinen Stärken und Fähigkeiten gekonnt und mit besten

142

Wissen und Gewissen über das Meer ziehen lässt. Dabei hast du stets dein Ziel im Auge.

Das Gegenteil von Zweifel ist **Glauben, Mut** und **Vertrauen.** Das du als *Vollblutfrau* das ultimative Vorbild für Mut bist, steht außer Frage. Vielleicht nicht für dich, allerdings für den Rest der Welt. Du trägst alles Vertrauen in dir. Bereits als Embryo vertrautest du darauf, dass alles gut ist. Dass du gesund und munter auf die Welt kommst. Vollkommenes Vertrauen in die enorme Energie und Kraft des Universums liegt in dir. So auch das Wissen um deine eigenen Fähigkeiten und Talente, die du bereits mehrmals erfolgreich eingesetzt hast. Das sind wunderbare Parameter für deinen eigenen Glauben an dich. Du glaubst mir nicht?

Somit suche nun nach Parametern, Beweisen, die dich mit deinen Eigenschaften brillieren ließen: Wo warst du mutig? Wo hast du deine Angst in den Schatten und deinen Mut unter Beweis gestellt?

Wo hast du dich von deinem Vertrauen leiten lassen und dich voller Vertrauen auf eine neue Sache eingelassen?

Als *Vollblutfrau* trägst du das Erbe von Kleopatra in dir!
Du bist kraftvoll, energiegeladen, kreativ, überzeugend mit all deinen wunderbaren herausragenden und individuellen Talenten und Fähigkeiten.

Diese hast du mitbekommen um dein Ziel, deiner Berufung zu folgen. Zweifel hat dabei keinen Platz. Fülle dies mit Mut, Vertrauen und Glauben an dich. Was nimmst du nun mit?

Selbstbewusstsein auf Knopfdruck!

Zu wissen was in dir steckt ist entscheidend. In Stunden des Zweifels, des Haderns ist dein Selbstbewusstsein jener Faktor, der über das Weitergehen oder Stehenbleiben entscheidet. Wenn du von dir selbst überzeugt bist, drängt dich dies zum Weitergehen, Weiterforschen, zum Eruieren.

Als *Vollblutfrau* trägst du eine enorme Anzahl an Fähigkeiten und Talente in dir. Im Vorfeld haben wir dazu deine Talente und Stärken eruiert und beim Namen genannte. Benenne und notiere nun 5 deiner prägnantesten und Talente die dein Selbstwertgefühl extrem fördern und unterstützen.

1. ____

2. ____ 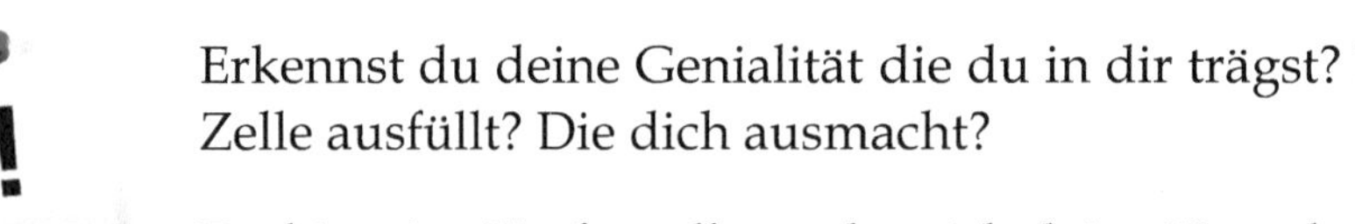

3. ____

4. ____

5. ____

Erkennst du deine Genialität die du in dir trägst? Die jeder deine Zelle ausfüllt? Die dich ausmacht?

Du bist eine Kraftquelle an der sich deine Umgebung nährt.

Dein Lachen, deine Energie ist ein Leidfaden für Menschen in deiner Umgebung. Du hast eine Berufung, ein Ziel, auf dessen Realisierung du dich konzentrieren wirst.

Du bist ein Vulkan an Kraft und Energie.
Mit diesen Fähigkeiten machst du die Welt zu einer besseren.

Kurz um: Du bewirkst positive Veränderungen. Übe dich darin, dass du dir bei Zweifel deine 5 prägnantesten Talente und Stärken in Erinnerung holst. Denn diese werden dir treue und unerschütterliche Berater und Begleiter sein. Stelle dir dazu folgende Fragen:

1. Werden mir meine Stärken & Talente helfen dies umzusetzen?

____

2. In wie weit fördern mich meine Talente und Stärken bei der Umsetzung? Worauf muss ich meine Aufmerksamkeit lenken?

____

3. Brauche ich nebst meiner Stärken und Talente noch anderweitige Hilfe/Unterstützung, um meine Herausforderung, Ziel umzusetzen?

____

Als *Vollblutfrau* setzt du für das Umsetzen und Realisieren deines Zieles gekonnt und geschickt deine Talente und Stärken ein.

Als *Vollblutfrau* hältst du ständig den Zugang zu deinem Selbstbewusstsein offen, sodass du stets darauf zugreifen kannst.

Was nimmst du als Fazit daraus mit?

FAZIT

____

Worauf wartest du? Entscheide dich JETZT loszugehen!
Ganz klar: Es liegt an dir. Deine Werte, dein Ziel, Glauben, dein Mut, Vertrauen und allen voran deine Kraft und Energie. Somit heißt es, dass es JETZT an der Zeit ist loszugehen. Nicht morgen, nicht übermorgen oder nächste Woche… JETZT!

Jeder Veränderung beginnt mit dem 1. Schritt, das ist ein Lebensgesetz, das unumgänglich und unveränderbar ist.

Triff – hier und jetzt – die Entscheidung, dass du als *Vollblutfrau* dein Leben, dein Ruder in die Hand nimmst und dein Leben so lebst wie du das möchtest. Schreibe nun deinen Entschluss nieder.

Jedes geschriebene Wort hat viel mehr Wirkung als das Erdachte, als
das Unausgesprochene.

**Alles beginnt mit der Entscheidung, deiner Entscheidung.
Schluss mit Jammern! Schluss mit dem Zögern!**

**Ab sofort ist Handeln, aktives Umsetzen angesagt,
bist du klar Schiff dein Ziel erreicht hast.**

Welche Entscheidung triffst du nun? Was ist dein Entschluss?
Was wirst du nun tun? Was ist dein Ziel? Welche deiner Attribute
unterstützen dich dabei? Ab wann beginnst du damit?

1. Welche Entscheidung triffst du jetzt? Was ist dein Entschluss?

____

____

2. Was sind deine nächsten Schritte?

____

____

3. Was ist dein Ziel / deine Ziele?

____

____

____

4. Zähle deine 5 prägnantesten Talenten und Stärken auf, die dich
beim Realisieren deiner Ziele unterstützen:

6. Was braucht es um dein(e) Ziel(e) zu realisieren?

7. Was musst du tun?

8. Welche Unterstützung ziehst du hinzu?

9. Ab wann beginnst du damit? Wann legst du los?

Na dann... auf geht's!

Die 5 wichtigsten Erkenntnisse & Leitsätze aus diesem Kapitel sind:

Dein neues ICH & dein Umfeld

Jede Veränderung sorgt im Umfeld für Überraschung, Unverständnis, Verwunderung und führen zu Fragen. „Warum tust du das?" „Warum veränderst du dies?" „Warum lässt du nicht alles beim Alten?" „Alles war doch toll. Ich verstehe nicht, warum du dies nun ändern willst…"

Es ist herausfordernd für Menschen sich kritischen Fragen zu stellen, während sie gleichzeitig mit den eigenen Fragen hadern. Dein Entschluss zur Veränderung - den 1. Schritt in eine neue Richtung zu gehen - ist noch sehr jung, fragile, jungfräulich und deshalb extrem verwundbar. Es ist ein junger Samen den es zu beschützen gilt, um gegen die Meute der kritischen Fragen resolut standzuhalten.

Sicherlich fällt es dir leichter damit umzugehen, wenn du erkennst, wie der Mensch mit Veränderungen grundsätzlich umgeht. Zumeist eher schlecht. Dies ist ganz normal. Warum? Da tief in den Menschen der Drang liegt, sich in seiner Komfortzone zu betten und bloß nicht zu verlassen. In seiner Komfortzone fühlt er sich wohl, kennt sich bestens aus, ist bestens bewandert mit den vorher abschätzbaren Entwicklungen. Veränderungen sind darin nicht einkalkuliert. Veränderungen bedeuten sich AUS der Komfortzone zu bewegen und eine neue, unbekannte Welt zu betreten. Das kann durchaus furchteinflößend sein. Dies gilt für jede Person, die den Schritt aus seiner Komfortzone wagt aber ebenso für die Menschen wie dessen Partner, Familienmitglieder und Freunde. Was meine ich mit Komfortzone?

Raus aus der Komfortzone!

Mit Komfortzone meine ich jenen Bereich, in dem sich der Mensch wohlfühlt, sicher fühlt, gut auskennt. Damit ist jene Zone gemeint, in der sich der Mensch tagein tagaus bewegt. In seinem Heim, seinem Freundeskreis, bei der Ausführung von Hobbies, im Arbeitsbereich, in seinem wohlbekannten Umfeld. Sprich, in allen Bereichen, wo der Mensch sich gut auskennt, weiß was auf ihn zukommt und er sich gut zurechtfindet. Dadurch geht alles recht leicht von der Hand und es sind keine großen Hürden, Überwindungen und Anstrengungen in dieser sogenannten Komfortzone vonnöten. Gewohnheiten und alltägliche Rituale sind ein elementarer Teil der Komfortzone.

Allerdings endet die Komfortzone dort, wo Überwindung oder Anstrengungen beginnen und es somit nicht mehr so bequem ist. Alles was neu, unbekannt, fremd und zudem unerwartet ist, liegt außerhalb der Komfortzone. Ängste sind ein sehr guter Hinweis, dass der Mensch gerade seine Komfortzone verlässt.

Jeder Mensch kreiert sich – zumeist unbewusst – seine eigene Komfortzone. Dabei entwickelt er eine für ihn wichtige Zone, die er unbewusst als seine heilige vertraute Zone verteidigt. Ebenso unbewusst hadern wir mit dem Verlassen jener uns so vertrauten Komfortzone. Wir merken dies vor allem, wenn wir in eine Situation geraten, in welche uns eine schwerwiegende Entscheidung zum Verlassen der Komfortzone führt.

Du hast aktiv dieses Arbeitsbuch durchgearbeitet und dich dazu entschieden dein Ziel anzustreben. Du bewegst dich auf einem neuen unbekannten Weg. Nachdem du dich entschieden hast den 1. Schritt zur Veränderung zu gehen, bist du ebenso dazu bereit deine Komfortzone zu verlassen.

Gratulation. Klasse… Ich bin stolz auf dich!

Sei auch du stolz auf dich! Nimm dieses herrliche Gefühl von neuem Wind auf, der dir nun entgegenweht, nachdem du den Schritt aus deiner Komfortzone getan hast. Das ist herrlich. Pures Eroberungsgefühl, dass dich da durchströmen wird. Nimm diese Empfindung wahrlich in dir auf. Erfreue dich an dieser und speichere diese in deinen Zellen.

Was ist dein Fazit daraus?

____

Was werden bloß die Nachbarn sagen?
Dein Umfeld wird gegebenenfalls nicht so positiv auf diese Veränderung reagieren. Sie werden verwirrt sein und nicht verstehen, warum du diese Veränderungen anstrebst. Durchaus wirst du auch mit kritischen Fragen konfrontiert werden, die dich eventuell verunsichern mögen. Für deine Familie und deinen Freundeskreis ist dein Ausbrechen aus deiner Komfortzone etwas was sie nicht nachvollziehen können. Sie verstehen es nicht.

Sei dir bewusst, dass es nur einen kleinen Bruchteil von Menschen gibt, die sich von selbst aus um Veränderungen bemühen. Diese Menschen werden dich verstehen, dich unterstützen und fördern. Während diese Menschen deinen Drang nachvollziehen können, können dies die meisten Menschen nicht verstehen. Wie auch? Sie selbst bewegen sich weiterhin ihrer Komfortzone und obwohl sie jammern, laufen sie weiterhin im Kreis in ihrer vertrauten Zone.

Du allerdings erweiterst deinen Kreis! Du bist bereit über Hürden und Steine zu steigen, um deine Komfortzone zu verlassen, um Neues kennenzulernen, zu erfahren und dadurch dich und dein ICH gänzlich zu erweitern. Automatisch kreierst du dir dadurch einen größeren Bereich, in welcher du dich fortan bewegen wirst.

Somit heißt es für dich als *Vollblutfrau* stark, konsequent und deinem eigenen Entschluss treu zu bleiben. Du kannst das, denn du trägst enorm viel Entschlossenheit und Mut in dir. Vergiss nicht, du bist die Erbin von Kleopatra bist, die es schaffte, das damalige größte Reich für sich zu gewinnen. Zudem wirst du mit deinem Verhalten und Agieren ein Vorbild für andere sein. Auch wenn sie dies nicht sogleich zugeben werden, wirst du sie mit deinem Verhalten, mit deinem Entschluss beeindrucken. Einige werden den Anstoß gewinnen über ihr eigenes Leben nachzudenken. Ist das nicht ein wunderbarer Gedanken? Du förderst mit deinem Handeln das Leben anderer zu einer positiveren Wende. Es bedarf allerdings etwas Zeit.

Somit konzentriere dich nicht mehr auf die anderen! Stattdessen lenke einzig und allein – gerade anfangs da dein Entschluss noch fragile ist – deine Gedanken und Handeln auf dich! Gehe deinen gewählten Weg und lasse dich nicht auf Diskussionen mit kritischen und negativen Menschen ein. Stattdessen erkläre ihnen freundlich aber bestimmend, dass dies nun dein neuer Weg ist und du dich im Vorfeld für ihre Unterstützung bedankst. Punkt!

Es ist dein Leben und dein Weg.
Kein anderer hat das Recht dir das abzusprechen.
Denke immer daran!

Zeige mir deine Freunde und ich sage dir, wer du bist!

Ganz und gar nicht zu unterschätzen sind die Menschen mit denen du dich viel umgibst. Unser Freundeskreis hat einen bedeutenden Einfluss auf uns, da wir uns deren Verhaltensweise abschauen. Durchaus imitieren wir uns in unserem Umfeld. Die Redewendung *„Zeige mir deine Freunde und ich sage dir, wer du bist…"* ist eine alte Weisheit die viel Wahrheit in sich trägt.

Es gilt kritisch zu hinterfragen, mit welchen Freunden wir uns umgehen und unsere Zeit verbringen. Automatisch färbt die Einstellung, Verhalten deiner Freunde auf dich ab. Frage dich: Wer sind deine Freunde? Wie sind diese? Kritische, skeptische, negative oder eher fröhliche, energiegeladene, herzliche, positive Menschen?

ÜBUNG

____

____

Freunde sind stets unser Spiegel. Wir spiegeln uns in ihnen und können sehr viel aus ihnen lernen. Gerade in deinem Umschwung, in der Phase der Veränderung zeigen sich Freunde entweder hinderlich oder förderlich.

Sei hierbei wachsam und achtsam. Lass dich von den kritischen Worten ihrer nicht aus deinem Konzept bringen.

Du hast dich dafür entschieden und marschierst nun bestimmt und zielorientiert in deine Richtung.

Ich habe im Laufe meiner Veränderungen diverse Freundschaften beendet. Dabei nannte ich die Dinge bei den Namen und beförderte uns direkt aus unser beider Komfortzone. Dies sorgte für Empörung und Unverständnis bei meinen Gegenübern.

Warum ich das tat?
Ich erkannte, dass einige meiner Freunde sehr negativ unterwegs waren. Sie waren in einem Sog von Jammern, Enttäuschung, Resignation gefangen. Als Skeptiker lag ihr Fokus auf Negativität, Misstrauen und vor allem auf Angst. Dies führte dazu, dass sie das extreme Bedürfnis, ihre Komfortzone nicht zu verlassen – *wer weiß was da folgen mochte* – mit aller Kraft beibehalten versuchten. Obwohl sie unglücklich und unzufrieden darin waren. Zudem kritisierten sie mein Handeln, beurteilten meine Entscheidung als falsch, bekehrten mich kontinuierlich zur Einsicht. Ich erkannte in ihrem Handeln durchaus ihre Fürsorge für mich, allerdings widerspiegelte ich ihnen in meinem Handeln ihre eigene Sehnsucht des Ausbrechens. Daraus formte sich bei ihnen das ungestillte Gefühl von Resignation, da sie sich nicht auf ihren Weg machten.

Was passierte?
Ich fand mich in der Position des Rechtfertigens, Erklärens vor. Parallel dazu nahm mein eigener Energielevel extrem ab, was mir sodann auf meinen eigenen – neuen - Weg fehlte.
Einer meiner entscheidenden Schritte in meinem Veränderungsprozess war die Entscheidung, dass ich in meinem Freundeskreis positive, humorvolle Menschen haben wollte, die zielorientiert handeln und nach ähnlichen Wertvorstellungen lebten wie ich. Diese Freundschaften stellen keine Ansprüche, Erwartungen, sondern sind durchwegs nährend und förderlich.
Das soll für dich nun nicht heißen, dass du dich nun von all deinen eher kritischen Freunden trennen sollst. Ich möchte dir mit diesen Worten Denkanstöße liefern und Möglichkeiten aufweisen.

TIPP

Es liegt alles in deiner Hand und auch in deinem Auge: **Betrachte deine Freunde und du wirst erkennen, dass du in deinen Spiegel blickst.** Lerne dich selbst durch deinen Freundeskreis besser zu verstehen, zu erkennen und ziehe daraus deine Schlüsse.

FAZIT Was sind deine nächsten Schritte? Was entscheidest du in Bezug auf deinen Freundes- und Bekanntenkreis?

Hast du deinen Kompass griffbereit?

Es ist sinnvoll zum Wohle deines eigenen Ich's dir deinen Kompass in dein Blickfeld zu rücken, der dich durch den Strom von Fremdeinflüsse und unwegsamen Umleitungen führt. Dieser Kompass erinnert dich daran, wohin du zielst. Die Gefahr, dass du dein Ziel aus den Augen verlierst, ist im Alltag ständig präsent.

Was also tun? Als *Vollblutfrau* hast du einen festen Willen, der dich antreibt. Mit von der Partie ist deine Leidenschaft die dir in deiner Vision den absoluten Kick gibt. Dies ist dein Treibstoff, der deinen Motor so richtig klasse zum Laufen bringt.

Nichtsdestotrotz weißt du, dass Hilfsmittel integriert in deinen Alltag mehr als nützlich sind, um dir Rückenstärkung zu geben. Dadurch legst du von vorn herein den Grundstein, dir selbst die bestmöglichste Hilfe zu geben, um so sicher und ohne große Umwege an dein Ziel zu gelangen. Dabei bist du dir selbst der beste Lehrmeister und auch der eigene Kontrolleur. Das mag für so manch einen als Übertreibung erscheinen. Allerdings ist dir als *Vollblutfrau* sehr wohl bewusst wie schnell der Wind drehen kann und du dich auf offener See verfahren und verirren kannst.

Deshalb setzt du Hilfsmitteln und Instrumente ein, die dir als Motivator, Inspiration und Reflexion deiner selbst dienen werden.

Welche Hilfsmittel unterstützen dich fortan?

Folgende Hilfsmittel werden dich dabei unterstützen:

154

1. Glücksjournal

Die Magie des Aufschreibens ist eine Kraft die dir fortan wunderbare Dienste leisten wird. Gerade in der täglichen Nutzung eines Glückjournals wirst du sensationelle Dinge erleben, die dir viel Wertschätzung dir selbst gegenüber aufzeigen und ein unschätzbarer wertvoller Kompass für deine Zielorientierung sein wird. Was genau ist ein Glücksjournal? Es ist eine Form von Reflexionsbuch, in welches du täglich deine erlebten Dinge des Tages notierst, reflektierst und deine Ziel/Vision aufleben lässt.

Diese Form von Journal ist ein tägliches Hinterfragen mit dir selbst. Du beschäftigst dich mit den Antworten auf die Fragen:

- Was sind meine Ziele?
- Wofür bin ich dankbar?
- Was sind meine heutigen Erfolge? Was habe ich gut gemacht?

Du stellst Dinge in den Vordergrund, hältst sie durch das Niederschreiben fest, die du ungeschrieben wieder vergessen würdest. Erfolge sind Balsam für die Seele, die du dir in Erinnerung bringen solltest. Dadurch läuft dein Getriebe viel geschmeidiger.

Einen anderen Menschen glücklich zu machen, macht dich glücklich und umhüllt dich mit Freude.

Das tägliche Erinnern deiner Ziele ist wichtig. Du überprüfst sozusagen jeden Abend deinen Kompass, ob dieser in die korrekte Richtung zeigt. Durch dein konsequentes tägliches Aufschreiben, überprüfst du automatisch jeden Tag die Ausrichtung deines Zieles. Dadurch sind kleine Abweichungen schneller bemerkbar und behebbar. Sobald du mehrere Tage oder Wochen dein Ziel aus deinem Auge verlierst, sind größere Abweichungen möglich.

Beginne ab sofort mit deinem Glücksjournal! Ein Werkzeug, das täglich nicht mehr als 15 Minuten zum Ausfüllen benötigt. Wohl investierte 15 Minuten, die über deine Zukunft entscheiden. Am Ende des Buches findest du eine Vorlage der Glückjournalseite.

2. Ziel-/Vision-Board

Nimm dazu ein A3 oder A2 Blatt und suche dir aus dem Internet Bilder raus, die du mit deiner Vision, Ziel in Verbindung bringst. Tue dies ganz spontan, ohne lange zu überlegen. Du kannst auch Photos aus einer Zeitschrift verwenden. Schneide jene Bilder oder Überschriften aus, die dich ansprechen und klebe diese auf dein sogenanntes Vision-Board/Visionsblatt.

Verziere es nach deinem Belieben, klebe Dinge drauf, Geldnoten oder auch Fotos von deiner Familie. Wichtig ist, dass dein Board deine Ziele bildlich wiedergibt und du dich bei dem Anblicken komplett damit identifizieren kannst. Je spontaner dies geschieht, desto authentischer wird es werden. Am besten gibst du dir selbst einen Zeitrahmen von 15 Minuten für die Erstellung.

Danach klebst du dein Vision-Board auf eine Wand. Jeden Morgen und abends verbindest du dich mit deinem Board, indem du deine rechte Hand auf das Papier legst, deine Augen schließt und dir vorstellst, wie du bereits deine Vision, Ziele realisiert hast. Spüre diese Freude, Glücksgefühl, dass du dabei wahrnimmst und verankere diese Empfindung in deinen Zellen.

Je öfters du dies machst, desto intensiver wirst du das Realisieren deiner Ziele erspüren und kommst jeden Tag einen Schritt näher.

---

3. Kärtchen / Post-It

Ich arbeite schon seit Jahren mit Karten in A5 Format oder mit Post-It, auf welchen ich mir meine Motivationssätze, Botschaften und Erinnerung notiere. Im Anschluss platziere ich diese in meiner Wohnung, im Auto und auf meinem Arbeitstisch. Dabei finden sich Plätze wie der Badezimmerspiegel, Eingangstür (Wohnungsinnenseite) als tolle Platzspender für diese Inspirations-hinweise wie ebenso auf dem Laptopdeckel und der Kleiderschrank. Diese schriftlichen Botschaften erinnern mich in den Tagesphasen an meine Ziele, die ich je nach Situation beim Erblicken sofort auf meinen Bildschirm habe und mir diese präsent sind.

---

4. Raum der Stille

Dass das Meditieren für unsere Körper-Geist-Seele heilend ist, ist bestens bekannt. Ich habe jahrelang erfolglos das Meditieren versucht. Mit dem *Raum der Stille* klappte es endlich. Wie funktioniert dies?

Setz dich auf den Boden oder Stuhl. Schließe deine Augen und stelle dir vor, wie du dich von deinem aktuellen Ort fortbewegst und du auf ein Haus zugehst. Du öffnest die Tür, betrittst den Raum und schließt die Tür. Der Raum im vollen Licht ist leer und lautlos! Nimm diese Leere und Stille in dich auf und nähre dich an dem wärmenden Licht.
Entspanne dich dabei. Höre auf deinen Atem. Ich füge zumeist noch ein Mantra hinzu, indem ich gedanklich die Worte spreche: *„Ich bin …. Ich bin im Hier & Jetzt. Ich bin da. Ich bin ich. Danke…*

Versuche es selbst. Wenn es beim ersten Mal nicht funktioniert, nicht verzagen, sondern tags darauf erneut probieren. Fange mit einer Minute (stelle dir den Wecker deines Smartphones) an. Im Anschluss erhöhst du auf 2 sodann auf 5, 10 und 15 Minuten.

Das Nichts in dieser Form zu erleben, ist ein unglaubliches Erlebnis! Es nährt an Energie, Kraft und reinigt. Zudem kommen Gedanken, Ideen und Erkenntnisse wie von selbst zum Vorschein. Für mich ist das Betreten des Raumes der Stille die Kontaktaufnahme mit meinem Unterbewusstsein. Die verballose Kommunikation mit dem Unterbewusstsein ist eine außergewöhnliche Art um mit sich selbst in Kontakt zu treten.

Es ist wirklich wert, dass du den Raum der Stille in dir besuchst! Je öfters du das machst, desto intensiver und eindrücklicher wird deine Erfahrung damit sein.

---

5. Têtê-a-Têtê Zeit

Reserviere dir täglich deine persönliche Zeit für dich. Ich nenne dies „*Têtê-a-Têtê Zeit*". Am besten planst du diese Zeit für dich fix in deinen Alltag ein. Eventuell frühmorgens, wenn alle noch schlafen. In dieser Zeit beschäftigst du dich nur mit dir. Schreibst in dein Glücksjournal oder betrittst den *Raum der Stille*. Eine halbe bis einer Stunde ist ideal.

Als *Vollblutfrau* bedienst du dich dieser Hilfsmittel. Triff' nun die Entscheidung, die genannten Tipps in deinen Alltag zu integrieren.

Offene und transparente Kommunikation

Ganz klar wird sich dein Tagesablauf, deine Routine durch das kontinuierliche Anstreben deiner Zielumsetzung (sei dies durch Implementieren von Hilfsmitteln etc.) verändern. Dies hat nicht nur Auswirkungen auf dich selbst, sondern auch auf dein Umfeld, auf deine Familie und Freundeskreis. Wie wir im Vorfeld schon angesprochen haben, kann es durchaus sein, dass sich dein Umfeld durch deine Veränderungen vor dem Kopf gestoßen fühlt.

Um Missstände im Vorfeld zu vermeiden, ist es äußerst nützlich die offene transparente Kommunikation zu suchen, indem du deinen dir wichtigen Menschen erklärst, wie wichtig dir diese Änderungen sind. Vor allem auch was dein Ziel damit ist. Damit nimmst du ihnen im Vorfeld den Wind aus den Segeln.

Das will noch nicht heißen, dass sie dein Vorhaben gänzlich unterstützen, allerdings drückst du mit deiner offenen und ehrlichen Haltung aus, wie bereit du für diesen Weg bist. Vor allem gib kund, wie wichtig dir dieser neuer Weg ist. Betone, dass du sehr auf die Unterstützung, dem Verständnis und der Akzeptanz der Familie und Freunde hoffst und es für dich wichtig ist, sie hinter dir zu wissen.

Mit offener Kommunikation wirst du Menschen in dein Boot holen, sie zu deinen Komplizen machen, sie mit deinem Elan abholen.

Falls dir wichtige Personen nicht positiv auf deine Veränderung, reagieren, versuche dies nicht persönlich zu nehmen. Gib ihnen Zeit zum Verdauen. Du zeigst ihnen mit deiner konsequenten Haltung, dass du als *Vollblutfrau* zu 100% zu deiner Entscheidung stehst. Das wird dein Umfeld beeindrucken. Auch wenn sie dir dies nicht persönlich mitteilen werden. Sei dir bewusst, dass deine Entschlossenheit eine Tugend ist, die bewundert werden wird.

Entscheide dich nun: Mit wem wirst du wann sprechen?

FAZIT

Was tun bei Stolpersteinen?

... ganz cool bleiben und darüber hüpfen! Das ist zu einfach? Dabei ist es das, was du tun solltest. Galant darüber springen. Je öfters du dies übst, desto leichter wird es dir fallen. Egal in welcher Form Zwischenfälle versuchen wollen, sich zwischen dir und deinem Ziel zu stellen, bleib fokussiert!

**Lass dich nicht von diesen Hürden entmutigen,
sondern gehe gestärkt daraus hervor.**

Stolpersteinen formen dich zu einem Akrobaten. Du wirst zu einem Spezialisten in Seiltanzakt, gewinnst an Wendigkeit und Disziplin. Deine Balance wird trainiert und gleichzeitig lernst du, dass dich nichts mehr so schnell aus der Fassung, aus deiner Ruhe bringt. *„Wer sich leicht ablenken lässt, muss viele Umwege in Kauf nehme"* besagt ein Sprichwort. Wie wahr! Ebenso wie: *„Alle Schwierigkeiten und Hindernisse sind Stufen auf denen wir in die Höhe steigen."*

**Je höher du steigst,
desto mehr Blick bekommst du auf dein Ziel, auf deine Vision!**

Sei ein Vorbild für andere…

Sicherlich hast du ein Vorbild. Was genau gefällt dir an dieser Person? Was hat dieser Mensch geleistet, dass er zu deinem Vorbild macht? Notiere dir dazu deine Haupteindrücke:

Du trägst Talente und Fähigkeiten in dir, die danach streben ins Rampenlicht gestellt zu werden. Du blickst auf eine Fülle von wertvollen Erfahrungen, die du auf deiner Wanderung gesammelt hast. Die kommenden Meilen werden dich weiter formen, dich in deiner Größe stärken. Dabei unterstützen dich deine Fähigkeiten und Talente, die dir als *Vollblutfrau* in die Wiege gelegt wurden:

- Mit der Kraft einer Löwin,
- mit der Achtsamkeit eines Luchses,
- mit dem Fleiß einer Ameise,
- mit dem Gedächtnis eines Elefanten,
- mit der Emsigkeit einer Biene,
- mit der Schlauheit einer Füchsin,
- mit der Geschmeidigkeit einer Katze,
- mit der Anmut einer Schwänin,
- mit der Friedfertigkeit der Taube und
- mit der Stärke einer Tigerin.

All diese Fähigkeiten trägst du in dir, sind tief in deinen Zellen. Lass diese frei und spüre die enorme Kraft, den unbändigen Elan und klaren Ruf nach Ausbruch all dieser Phänomene. Trage diesen Ruf nach außen, motiviere Menschen, vor allem Frauen ihrer inneren Stimme zu folgen. Ihre Fesseln abzulegen, sich mit Stolz auf ihren Weg zu machen. **Ein jeder Mensch, eine jede Frau hat das verdient!** Du als *Vollblutfrau* weißt nun um diese Tatsache!

Sporne andere an,
indem du als Vorbild dein Ding durchziehst,
deinen Weg unbeirrt anstrebst und
deine Dankbarkeit dich in die Zielgerade tragen lässt.

Die 5 wichtigsten Erkenntnisse & Leitsätze aus diesem Kapitel sind:

Dankbarkeit zeigen

Sich in Dankbarkeit üben, ist eine Tugend und wird in vielen Religionen und Lehren als eine unverzichtbare Haltung und Handlung angesehen. Sich dessen bewusstwerden was vorhanden ist, ist essentiell wichtig für das klare Einstehen des Bewusstseins. Erst recht für die eigene Glücksempfindung.

Dankbarkeit ist eine Liebeserklärung an das Leben
In unserer westlichen Gesellschaft liegt ein großes Augenmerk und Wichtigkeit auf materiellen Güter. Je teurer und neuerer desto besser. Der gesamte Wirtschafts- und Marketing Mechanismus ist darauf ausgerichtet und dominiert uns tagtäglich.

Dabei es kommt nicht darauf an, was der Mensch an Güter besitzt, sondern welche Eigenschaften und Werte er in sich trägt. Was für wertvolle Gedanken und Taten er realisiert und was der Mensch zum Wohle anderer tut. Schon allein die Tatsache einen vollkommenen perfekt funktionierenden Körper zu haben, ist ein Geschenk und der wahre Wert, für welchen wir extrem dankbar zu sein sollten.

Wie du bereits weißt, nimmst du effektiv Einfluss in deiner Wahrnehmung, indem du täglich in dein Glücksjournal deine persönliche Wertschätzung für die Dankbarkeit auflistest. Du wirst dadurch wachsamer, ausgeglichener, ruhiger und glücklicher. Du erkennst, dass es gerade die kleinen Dinge sind, die im Endeffekt das mächtige Gefühl von Glückseligkeit ausmacht.

Somit stimmt durchaus die wundervolle Behauptung, dass **Dankbarkeit eine Liebeserklärung an das Leben ist.**

Das trifft es auf den Punkt. Sich täglich abends zu hinterfragen, wofür du dankbar bist, ist eindeutig ein klares offenes Betrachten deines vergangenen Tages mitsamt seiner Begegnungen und Erlebnisse. Daraus resultiert deine Entscheidung, was an diesem Tag gut und wertschätzend war, sprich wofür du dankbar bist.

Wenn der Mensch den Tag einfach in sich ruhen lässt, ohne einer Reflexion zu unterziehen, bedeutet dies gleichzeitig die Chancen des Erkennens vorbeiziehen zu lassen. Du hingegen legst dein Bewusstsein und Zeit ganz klar in die Ausrichtung des Sehens, Erkennens und Wertschätzens, das sodann zur Dankbarkeit führt.

Ich empfehle dir folgende Achtsamkeitsübung, die du tagsüber umsetzen kannst. Dazu nimmst du dir eine Handvoll kleinerer Steine oder Murmeln, die du dir in deine Hosentasche steckst. Jedes Mal, wenn du tagsüber etwas Schönes erlebst, nimmst du einen Stein aus der rechten Tasche und legst diesen in die linke Tasche. Wenn du dies wachsam und kontinuierlich durchführst, hast du am Ende des Tages zahlreiche Steine auf die andere Taschenseite geschoben. Am Abend beim Entleeren deiner Taschen erinnerst du dich an jeden einzelnes freudiges Erlebnis der den Stein – im wahrsten Sinne des Wortes – zum Rollen brachte.

Diese Erlebnisse fügst du deiner Dankbarkeitsliste hinzu, die sodann Teil deines Glücksjournals sind.

Oftmals wird mir die Frage gestellt, welche Erlebnisse ich damit meine. Nun das kann individuell gänzlich unterschiedlich sein. Entscheidend ist, dass es sich um Aktionen handelt, die dir persönlich ein schönes und bereicherndes Gefühl gegeben haben.

Dies können ganz unspektakuläre Erlebnisse sein, wie das Offenhalten der Tür von einer unbekannten Person, das herzliche Begrüßen der Kassier im Geschäft oder das ausgesprochene Kompliment einer Arbeitskollegin zu deinem neuen Kleid. All diese schönen Begebenheiten bereichern deinen Tag.

Gerade das Wahrnehmen & Erkennen
der kleinen Dinge im Leben,
macht dich zu einem glücklichen Menschen.

Was zum Beispiel hast du heute Tolles und Schönes erlebt? Was gab dir ein tolles Gefühl? Wer zauberte dir heute ein Lächeln auf dein Gesicht? Schreib deine Erlebnisse nieder, für welche du dankbar bist.

Fiel es dir schwer, dich deiner positiven Erlebnisse zu erinnern? Du wirst sehen, je öfters du das machst, desto leichter wird es dir fallen.

Triff' somit jetzt die Entscheidung, dass du wachsamer und achtsamer sein wirst. Zudem schreibst du täglich deine positiven Erlebnisse nieder, die dich mit Dankbarkeit erfüllen.

Zum Wohle aller Menschen...

Alles beginnt mit dem 1. Schritt. Du als *Vollblutfrau* besitzt große Macht, herausragende Fähigkeiten und den fokussierten Blick eines Adlers. Nutze diese Talente und Gaben weise zum Wohle aller.

Zum Wohle aller Menschen zu handeln ist das oberste Lebensgesetz, das von Dankbarkeit, Wertschätzung und Liebe getragen wird.

Während das Ego sich um das eigene Wohle sorgt und dieses pusht, drückt sich Dankbarkeit in dem Bemühen aus, Dinge zu tun, das dem Wohle aller zugutekommt. Dabei ist entscheidend, welche der Parteien die Überhand gewinnt. Sich um das Wohl aller zu bemühen, setzt einen Kreislauf in Gang, der sich in uns und unserem Umfeld widerspiegelt.

Das Teilen ist ein essentieller Ausdruck dessen, das der Mensch ausreichend hat und er gerne großzügig abgibt. Darin zeigt sich sehr deutlich das Gesetz der Anziehungskraft.

**Gibst du (mit Spenden oder guten Taten),
wird dich das Leben reich (mit Gaben) beschenken!**

Den Zehntel des Einkommens zum Wohle der anderen abgeben, ist eines der Gedanken der im Alten Testament festgehalten ist. Wenn es dir finanziell derzeit nicht möglich ist, zu spenden, dann suche nach einem anderen Weg um zu helfen.

Wie wäre es wenn du von deiner Zeit abgibst, indem du in einer sozialen Einrichtung mithilfst? Alleinstehende Pensionisten im Altersheim besuchst, Hunde aus dem Tierheim spazieren führst, etc.

Sei darum bemüht, dass du dir jeden Monat überlegst, was du zum Wohle von anderen Menschen tun kannst. Ich teile und spende schon seit Jahren aktiv und ich tue dies mit großer Freude und Überzeugung. Es macht dich dankbar, demütig und glücklich.

Blick um dich und erkenne, was du beisteuern kannst. Schreibe auf, was dir dazu in den Sinn kommt:

____

____

Als *Vollblutfrau* bist du dir deinem Wissen, deiner Verantwortung bewusst und nutzt diese gerecht, weise und im Bemühen das Beste für Menschen, Tiere und Natur zu tun. Mit deinem Denken, Handeln und Agieren bist du dir des Gesetzes der Ursache und Wirkung bewusst und kennt die Auswirkungen dazu.

Was passiert, wenn du dies tust? Dir als *Vollblutfrau* - die unabdingbar und kontinuierlich um das Wohle aller bemüht ist –

wird wunderbare Dinger erfahren, da du im Sog der Lebensgesetze als Motivator, als Inspirator und als Aktionsquelle fungierst.

Ist das nicht wunderbar? Was ist deine Erkenntnisse, deine Konklusion, dein Resümee daraus?

____

____

____

____

Zu guter Letzt möchte ich dir noch folgenden
wertvollen Tipp auf deinen Weg mitgeben,
der dein Leben verändern wird:

Lebe das Leben, das du dir wünschst!

**Tritt JETZT in Aktion und lebe dich als _Vollblutfrau_!
Glaube an dich! Lebe dich!**

Du bist eine _Vollblutfrau_! Durch und durch…

**Vollkommen kraftvoll, energisch, weiblich, sexy…
Du bist phantastisch!**

Die 5 wichtigsten Erkenntnisse & Leitsätze aus diesem Kapitel sind:

Abschlusswort

Nun sind wir an das Ende dieses Buches angekommen. Gleichzeitig ist dies der Anfang deines neuen Lebens. Deines neuen Lebens, deines *Frau-Sein*, indem du die *Vollblutfrau* in dir nach außen kehrst, ihr Luft, Raum und Energie gibst, ihr Leben in die Glieder hauchst.

In dir steckt so viel enorm Kraftvolles und Energiegeladenes. Hol' deine *Vollblutfrau* aus der Ecke und lass' sie atmen, agieren und vor allem lass' sie aktiv werden!

Die *Vollblutfrau* in dir ist mutig, visionär und achtsam im Umgang mit Menschen und Umfeld. Sie kennt deine Wünsche und Bedürfnisse und vor allem weiß sie um deine Begabungen und Talente. Setze dies klug sowie weise ein und du bist in Richtung deines Traumlebens unterwegs. Du wirst so viel Tolles und Neues erleben, dass du dir jetzt noch gar nicht vorstellen kannst.

Glaube an dich, an deine Fähigkeiten und an deine Talente.
Ich glaube an dich! Warum?

Da ich weiß, dass Frauen
die Säulen der Gesellschaft, die Kraftquelle der Familien,
die Friedensstifter der Menschen, Motivatoren der Kinder und
die Visionäre der Zukunft sind.

Alles beginnt mit dem ersten Schritt!
Nimm dich selbst an der Hand und führe dich in das Licht.
Du bist wunderbar, energisch, weise, visionär & authentisch!

Du bist durch und durch eine *Vollblutfrau*! Sei dankbar und…
**…LEBE DICH als jene *Vollblutfrau*,
zu der du geboren wurdest!**

Notizen

Notizen

Notizen

Notizen

Anhänge

Hier findest du Informationen, die dich in deiner Persönlichkeitsentwicklung weiterbringen. Auf meiner Homepage *www.creativita.cc* stehen dir einige dieser Infos zum Downloaden bereit.

Typische negative Glaubenssätze

Wir Menschen tragen viele negative Glaubenssätzen mit uns herum, die uns sehr hinderlich sind. Hier ein kleiner Auszug. (*Quelle: www.zeitzuleben.de*)

- Ohne Fleiß kein Preis
- Liebe macht blind.
- Ich bin unfähig/unwichtig/feige.
- Ich bin nicht gut genug.
- Keiner nimmt mich ernst.
- Reiche Menschen sind schlecht.
- Die Welt ist ungerecht.
- Jeder denkt nur an sich.
- Geld verdirbt den Charakter
- Ich darf nicht nein sagen.
- Das Leben ist schwer.
- Geld ist schmutzig.
- Es ist nicht alles Gold, was glänzt
- Ich bin zu schüchtern.
- Ich bin zu dumm/ungeschickt.
- Ich muss bescheiden sein.
- Ich muss Ordnung halten.
- Ich bin beziehungsunfähig.
- Echte Männer weinen nicht.
- Ich darf keine Schwäche zeigen.
- Ich muss stets perfekt sein
- Den Letzten beißen die Hunde.
- Ich darf andere nicht enttäuschen.
- Meine Meinung interessiert keinen.
- Ich habe nicht genug Zeit.
- Ich kann mir das nicht leisten.
- Ich bin zu unwichtig.

- Ich habe es nicht verdient.
- Ich kann mich nicht ändern.
- Schuster, bleib bei deinen Leisten.
- Ich muss funktionieren.
- Ich bin nicht gut genug.
- Es gibt nichts umsonst im Leben.
- Meine Eltern/Andere sind schuld.
- Ich habe keine Talente.
- Ich habe zwei linke Hände/Füße.
- Ich bin nicht dazu fähig.
- Andere sind besser als ich.
- Wer Gefühle zeigt, ist schwach.
- Ich habe es nicht verdient.
- Ich habe nichts zu sagen.
- Ich bin zu unerfahren.
- Ich bin zu jung/zu alt.
- Ich kann das nicht ändern.
- Ich bin machtlos.
- Erfolg macht einsam.
- Ich bin es nicht wert.
- Ich habe dies nicht verdient.
- Ich kann nichts gut.
- Andere sind besser als ich.
- Ich habe einfach kein Glück.
- Ich verdiene keine Anerkennung.
- Keiner liebt mich
- Alle sind gegen mich.

Positive Glaubenssätze zur Persönlichkeitsentwicklung
Gerne präsentiere ich dir hier meine TOP 30 positiven Glaubenssätze.

1. Alles was ich tue wird ein Erfolg.
2. Grenzenlose Energie strömt durch meinen Körper.
3. Ich bin eine Oase des Friedens, der Liebe und der Freude.
4. Ich bin der Ausdruck vollkommener Freiheit.
5. Ich empfinde meinen Körper, Geist & Seele als harmonisches Ganzes.
6. Einzigartige & kreative Fähigkeiten und Talente durchströmen mich.
7. Ich höre und vertraue meiner inneren Stimme.
8. Intelligenz, Mut und Selbstwert sind Teil von mir.
9. Ich schaffe alles, was ich erreichen möchte.
10. Ich bin ein Kraftwerk von Fähigkeiten und Talenten.
11. Mein Selbstbewusstsein und Selbstachtung ist grenzenlos.
12. Ich bin ruhig, gelassen und zufrieden.
13. Ich liebe mich selbst sehr.
14. Ich bin es wert geliebt zu werden.
15. Ich stehe unter dem Schutz der göttlichen Liebe.
16. Ich spüre und genieße meine unendliche Vitalität.
17. Jeden Tag gebe und empfange ich immer wieder Liebe.
18. Ich bin sehr wertvoll.
19. Ich vertraue meinen Mitmenschen und diese vertrauen mir.
20. Ich bin ein Magnet des Guten.
21. Ich ziehe positive Menschen mit meiner positiven Kraft an.
22. Das Leben begeistert mich und erfüllt mich mit neuer Energie.
23. Ich empfinde meinem Körper als harmonisches Ganzes
24. Jeder Atemzug füllt mich mit kraftvoller Energie.
25. Mein Körper ist schön und geschmeidig.
26. Ich bin sprühendes Leben.
27. Heilende Energie strömt durch meinen Körper.
28. Ich sende strahlende Kraft aus und ziehe alles Fördernde an.
29. Meine innere Weisheit führt mich und verschafft mir ein tolles Leben.
30. Ich bin Ausdruck vollkommener Freiheit.

Ich empfehle dir, dass du diese positiven Glaubenssätze innert der nächsten 30 – 90 Tagen 2x täglich laut vorliest, schreibst und anhörst. Nimm dir diese auf deinem Smartphone auf. Viel Spaß dabei!

Negative Glaubenssätze für Reichtum, Wohlstand und Geld
Hier findest du eine Auflistung von negativen Glaubenssätze für Geld, Wohlstand und Reichtum.

- Geld bringt nur Sorgen.

- Geld ist nicht wichtig.

- Geld macht hochnäsig und arrogant.

- Geld ist schmutzig.

- Geld macht nicht glücklich.

- Geld ist die Wurzel allen Übels.

- Geld ist nicht alles.

- Es gibt Wichtigeres als Geld.

- Es ist nicht alles Gold, was glänzt.

- Geld verdirbt den Charakter.

- Ich habe nie genug Geld.

- Über Geld spricht man nicht.

- Geld regiert die Welt.

- Geld stinkt.

- Geld macht bequem.

- Geld zerrinnt mir zwischen den Fingern.

- Viel Geld schafft Sorgen und Probleme.

- Wer viel Geld hat, hat viele Sorgen.

- Zeit ist Geld.

- Wer reich ist, hat keine wahren Freunde.

- Wen ich reich bin, liebt man mich nur meines Geldes wegen.

- Geld ist schwer zu bekommen.

- Geld wächst nicht auf den Bäumen.

- Reiche Menschen haben Glück gehabt und beuten andere aus.

- Geld macht einsam.

- Geld allein macht auch nicht glücklich

- Ich komme nie an das große Geld

- Viel Geld kann man nur durch Rücksichtslosigkeit und Härte bekommen.

Positive Glaubenssätze für Reichtum, Wohlstand und Geld

Gerne präsentiere ich dir hier meine TOP 30 positiven Glaubenssätze für Geld, Wohlstand und Reichtum:

1. Geld ist positive Energie.
2. Ich ziehe großen Reichtum und Geld mühelos magisch an.
3. Ich liebe Geld. Geld fließt in mein Leben.
4. Ich fühle mich wohl mit Geld.
5. Ich bin unendlich reich und erfolgreich.
6. Ich fühle mich mit Geld fantastisch.
7. Ich ziehe finanzielle Fülle an.
8. Ich bin glücklich und zufrieden.
9. Geld ist mein treuer Freund und Weggefährte.
10. Ich bin ein Geld-Magnet und ziehe ständig Geld an.
11. Geld ist gut für mich.
12. Geld fließt mühelos aus vielfältigen Quellen in mein Leben.
13. Ich ziehe Geld natürlich an.
14. Das Geld liegt auf der Straße, ich muss es nur holen.
15. Ich entdecke stets neue Möglichkeiten, Geld zu verdienen.
16. Ich erlaube mir, Geld zu besitzen.
17. Ich liebe es Geld zu verdienen und habe Spaß dabei.
18. Geld ist ein fester Bestandteil meines Lebens.
19. Geld hat einen positiven Einfluss auf mein Leben.
20. Ich lebe mein Leben in Reichtum und Wohlstand.
21. Ich habe alle vorstellbaren finanziellen Möglichkeiten.
22. Ich bin mit Geld im Reinen.
23. Geld ist gut für mich.
24. Geld gibt mir die Möglichkeit, Dinge zu tun, die ich tun möchte.
25. Mein Geld erlaubt mir ein Leben in Wohlstand, Fülle & Überfluss
26. Ich bin es mir wert, Geld zu verlangen.
27. Geld bewirkt viel Gutes.
28. Reichtum ist ein natürlicher Zustand in meinem Leben.
29. Mir wurden alle Werkzeuge um Reichtum zu erhalten mitgegeben.
30. Wohlstand und Überfluss in allen Bereichen fließen mir jetzt zu.

Ich empfehle dir, dass du diese positiven Glaubenssätze die nächsten 30 – 90 Tagen 2x täglich laut vorliest, schreibst und anhörst. Nimm dir diese auf deinem Smartphone auf. Viel Spaß dabei! *(Quelle: www.affirmotionen.de)*

Übersicht von Werten

Hier findest du eine Liste von Werten, die allgemein als erstrebenswert und als ethische gut befundene spezifische Wesensmerkmale gelten. *(Quelle: www.wertesysteme.de)*

Abenteuer	Fairness	Lebensqualität	Sicherheit
Aufmerksamkeit	Fleiß	Leidenschaft	Solidarität
Aktivität	Freiheit	Leichtigkeit	Sorgfalt
Aktualität	Fürsorglichkeit	Loyalität	Sparsam
Akzeptanz	Fortschritt		Spaß
Anerkennung	Freundschaft	Mitgefühl	Standfestigkeit
Anmut	Frieden	Mut	Sympathie
Ansehen		Motivation	
Anstand	Geduld		Tapferkeit
Ästhetik	Gelassenheit	Neutralität	Teamgeist
Aufgeschlossenheit	Genuss	Nachhaltigkeit	Toleranz
Aufmerksamkeit	Gerechtigkeit	Nächstenliebe	Transparenz
Ausgeglichenheit	Gesundheit		Treue
Authentizität	Großzügigkeit	Offenheit	Tüchtigkeit
	Güte	Optimismus	Tradition
Begeisterung		Ordnungssinn	Unabhängigkeit
Beharrlichkeit	Harmonie		Unbestechlichkeit
Bescheidenheit	Heiterkeit	Pflichtgefühl	
Besonnenheit	Hingabe	Phantasie	Vertrauen
	Höflichkeit	Pünktlichkeit	Verantwortung
Charisma	Humor	Präsenz	Verlässlichkeit
Dankbarkeit	Idealismus	Respekt	Wachsamkeit
Demut	Innovation	Realismus	Weisheit
Disziplin	Integrität	Redlichkeit	Weitsicht
	Intelligenz	Rücksichtnahme	Wohlstand
Effizienz	Interesse		Würde
Ehrlichkeit	Intuition	Sanftmut	
Empathie		Stärke	Zielstrebigkeit
Ehrgeiz	Klugheit	Selbstdisziplin	Zuverlässigkeit
Erfolg	Kontrolle	Selbstvertrauen	Zuneigung
Freude	Kreativität	Sensibilität	Zuversicht

Mein Glücksjournal   Datum:_______________________

Meine Ziele:

1. ____

2. ____

3. ____

Wofür bin ich dankbar? _______________________________

____

____

Was habe ich heute gut gemacht? Worin war ich erfolgreich?

____

____

____

Was habe ich heute getan um meinen Zielen näher zu kommen?

____

____

Wem habe ich heute womit eine Freude bereitet, glücklich gemacht?

____

Worauf bin ich stolz?

____

Geschlechtsorgan Männer und Frauen

Das große Wunder der Natur finden sich in dem Wunderwerk des menschlichen Körpers mitsamt seinen unermesslichen Funktionen wieder.

Dabei ist die Spezies Mensch so konzipiert, dass die Fortpflanzung gesichert ist. Ein ausgeklügeltes, perfekt arrangiertes System das Seinesgleichen sucht. Siehe dazu die - wenn auch unterschiedlich trotzdem perfekt zusammen passenden - Geschlechtsorgane des Mannes und der Frau. *(Quelle Grafiken: www.msd-gesundheits.de)*

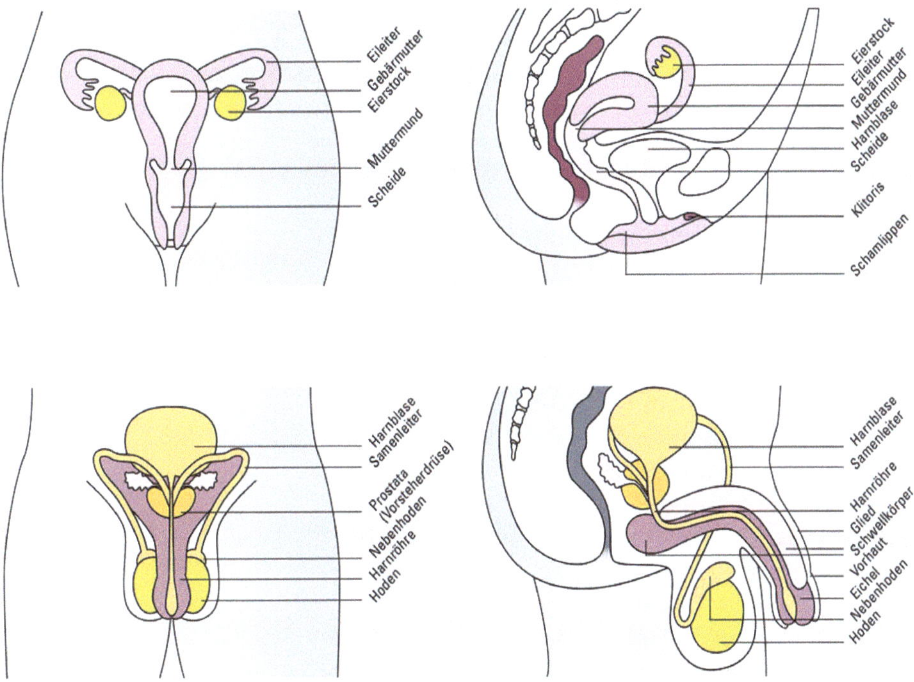

Für all jene Frauen, die mehr über sich, ihren Körper und ihrer Sexualität erfahren möchte, kann ich folgende Homepage *www.lilli.ch* weiterempfehlen. Diese gute Erklärungswebseite geht sehr spezifisch und erklärend in das Thema Sexualität für Frauen ein und beschäftigt sich zudem mit dem Thema Selbstbefriedigung. Viel Spass beim Lesen…

Erklärung Menstruationszyklus

Der Zyklus dauert circa 28 Tage und beginnt mit dem 1. Tag der Monatsblutung. 50% aller Frauen erleben ein Zyklus zwischen 23 und 35 Tage. Bei den meisten Frauen hält die Blutung 3 bis 7 Tage an. Dabei verliert die Frau etwas 60 ml Blut.

Im Laufe eines Monats bereitet sich die Gebärmutter auf die mögliche Befruchtung vor. Die Schleimhaut an der Innenwand der Gebärmutter wächst, damit sich eine befruchtete Eizelle in ihr einnisten kann.

Die fruchtbaren Tage sind durchschnittlich 2 – 4 Tage während des Eisprunges (siehe Grafik). Während eine Eizelle höchstens 24 Stunden lebens- und befruchtungsfähig ist, können Spermien zwischen 3 – 5 Tage (!) im Körper einer Frau überleben. Die ideale Zeit für eine Befruchtung ist 2 Tage vor dem Eisprung und ist am Tag nach des Eisprunges (Ovulation) beendet.

Wenn es zu keiner Befruchtung kommt, stirbt dieser Teil der Schleimhaut ab. Die Monatsblutung dient dazu, die Schleimhautreste aus dem Körper zu spülen.

Eine nicht befruchtete Eizelle gelangt entweder durch die Eileiter in die Gebärmutter oder fällt in die Bauchhöhle. Sie geht ein und wird von Zellen des Immunsystems aufgenommen und verdaut.

Während einige Frauen vor Schmerzen während ihrer Tage kaum zu Arbeit gehen können,

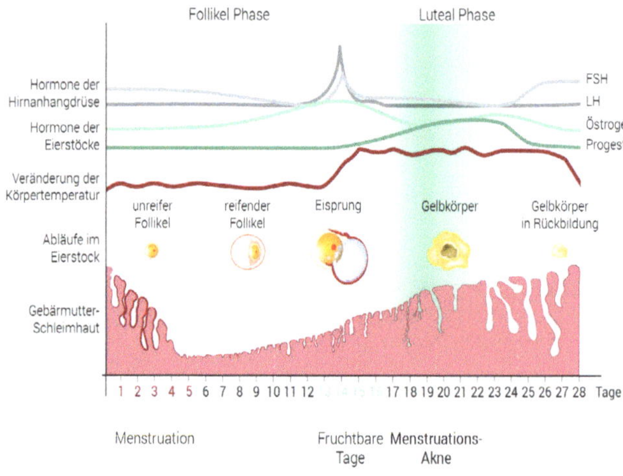

steigt bei anderen die Lust auf Sex. Dabei besagt eine von Kinsey-Institute durchgeführte Studie, dass während ihrer Periode 48% der Frauen genitalen Sex vermeiden. Derweilen gaben 15% der befragten Frauen an, während ihrer Tage Geschlechtsverkehr zu haben. *(Quelle: www.gesundheitsinofrmation.de & www.watson.ch / Grafik: www.de.eucerin.ch)*

Weitere wertvolle Informationen finden zu diesem Thema findest du auf der Homepage *www.menstrautionsstrasse.de.*

BuchTipps
Wissen vermehren, heißt täglich zu lesen! Ausgewählte nährende Werke
sind dazu hilfreich. Folgende Bücher kann ich dir empfehlen:

- *Die Macht des Unterbewusstseins* von Joseph Murphy

- *The Secret* von Rhonda Byrne

- *Die Weisheit des Buddhismus; Tag für Tag* von Danielle Föllmi

- *Mars liebt Venus. Venus liebt Mars* von John Gray

- *Der Alchimist* von Paulo Coelho

- *Der reichste Mann von Babylon* von G.S. Clason & A. Gittinger

- *Ein Hund namens Money* von Bodo Schäfer

FilmTipps:

- *Embrace, du bist schön* - Dokumentation über Schlankheitswahn
  Ein bemerkenswerter Film/Dokumentation über den
  Schlankheitswahn. Dieser Film ist ein Muss für alle Frauen!
  www.embrace-derfilm.de

- *The Shift – Das Geheimnis der Inspiration* von Dr. Wayne Dyer
  Bei diesem Film um das Ego erleben Menschen einen Quantensprung
  und ändern dadurch ihre Sicht auf die Welt und auf ihr Leben.

EmpfehlungsLinks:

- *www.lilli.ch* - Tolle Erklärungsseite, die sehr spezifisch und erklärend in
  das Thema Sexualität für Frauen eingeht. Kann ich nur jeder Frau
  empfehlen, die mehr über sich, ihren Körper und ihrer Sexualität
  erfahren möchte.

- *www.zeitzuleben.de* - Ein umfangreicher Online-Ratgeber zu dem Thema
  Achtsamkeit, Erfolg, Kommunikation, Lebensplanung und Motivation.

- *www.testedich.ch/quiz31/quiz/1343650597/Bist-du-zufrieden-mit-deinem-
  Koerper* - Du möchtest anhand eines Tests herausfinden, wie zufrieden
  du mit deinem Körper bist? Dann ist dieser Test das Richtige für dich!

Vita von Carmen C. Haselwanter

Die am 24. Juni 1969 geborene Autorin wuchs in einem zweitausend Seelendorf am Inn im Herzen von Tirol im Kreise von sorgsamen Eltern & zwei Brüdern auf.

Als aufgeschlossenes, wissbegieriges Kind beobachtete sie schon von klein auf die Welt mit wachsamen neugierigen Augen. Als Bücherratte las sie alles, was sie in die Finger bekam. Schon im frühen Alter verspürte sie den Drang die Welt zu bereisen. Während Schulfreunde ein Studium oder Lehrberuf wählten, entschied sie sich als Teenager dafür, das Leben an sich als das wahre Studium anzunehmen.

Carmen C. Haselwanter hatte das Glück aufgeschlossene, moderne Eltern zu haben, die ihren Traum unterstützten. Nachdem sie eine 2-jährige Privatschule erfolgreich abschloss, anschließend als Bonitätsbeurteilerin in einem Versandhaus ihre erste Berufserfahrung sammelte, saß sie mit knapp 17 Jahren im Flieger nach London! Eine Minderjährige, die sich in die britische Hauptstadt aufmachte, war für die kleine Heimatgemeinde ein unübliches Unterfangen, das durchaus für Überraschung sorgte.

Für Carmen C. Haselwanter begann durch diesen Schritt aus ihrer Komfortzone eine Welt voller Abenteuer, Spannung und Heraus-forderungen. In der Metropole London, wo sie anfangs als Au-pair arbeitete, erkannte sie die endlosen Möglichkeiten die ihr diese multi-kulturelle Metropole bot. Sie packte diese voller Tatendrang an! Aufgrund ihrer extravertierten, zugänglichen Art schloss sie schnell mit Menschen aus allen Herrenländern Freundschaft. Dabei war sie von der enormen Vielfalt, die die Menschen – und vor allem Frauen - der verschiedensten Kulturen voneinander unterschied, fasziniert. Als sie in einem jüdischen Altersheim als Assistentin arbeitete, lauschte sie tief bewegt den dramatischen Erzählungen der deutsch-, österreichischen Flüchtigen aus dem 2. Weltkrieg. Im Dienste eines jüdischen Diamantenschleifers im Herzen von London, lernte sie den jüdischen Geschäftssinn kennen und zu schätzen.

Nach 1 ½ Jahren verließ die 18jährige die britische Hauptstadt und zog weiter um die Welt zu erkunden. Dabei sollte Städte wie u.a. Amsterdam, Paris, Athen und Zürich sowie Länder wie Italien, Frankreich und Schweiz zeitweilig ihre Heimat werden, wo sie sich beruflich kreativ entfaltete. Sie verkaufte selbst kreierten Modeschmuck auf Märkten, agierte als Straßen-Musik-Künstlerin, arbeitete als Messehostess und Fremdenführerin in großen europäischen Städten. Damals erkannte sie wie leicht ihr der Zugang zu den Menschen fiel. In dieser intensiven Zeit entwickelte sich ihre seit Kindheit gepflegte Schreiblust zu einem unverzichtbaren Prozess, der ihr dabei half, die Vielzahl an Eindrücken zu verarbeiten.

Von dem Metier Hotelfach fasziniert, arbeitete die Tirolerin diverse Winter-Saisonen in Österreich und Schweiz. Anfangs als Zimmermädchen und später als Rezeptionistin und Direktionsassistentin. Ihre guten Fremdsprachenkenntnisse zeigten sich dabei von großem Nutzen.

Ihre Lust auf das Reisen und Entdecken von neuen Kulturen führte sie mit knapp 24 Jahren zu einem 8 monatigen Tramper Trip durch Zentralamerika. Eine eindrückliche Reise, die ihr die unkomplizierte, herzliche Art der Lateinamerikaner mit ihrer leidenschaftlichen Musik offenbarte. Davon fasziniert, fand sie sich auf einem Kreuzfahrtschiff der Reederei Costa Crociere wieder, wo sie als Kapitänssekretärin in Offizier Status durch das karibische Meer schiffte. Zu jener Zeit nahmen die Frauen einen Anteil von knapp 10% der gesamten Crewanzahl von 500 Personen ein. Dieses ungewöhnliche Arbeits- und Lebensumfeld sollte sich für Carmen C. Haselwanter als äußerst lehrreich und interessant erweisen.

Nach ihrer Rückkehr aus dieser schwimmenden Welt begann sie für den österreichischen Reiseveranstalter Touropa als Reiseleiterin zu arbeiten. Eine perfekte Kombination, indem sie ihre Reiseleidenschaft mit dem Beruf vereinte. Carmen C. Haselwanter liebte diese unbändige Zeit des Reisens. Die Abwechslung und Herausforderung einer Lösungsfindung mit bis dato unbekannten Problemen war für sie Adrenalin pur. Nach Arbeitsstationen auf den Kanaren, Balearen und in Griechenland fand sie sich als Stationsleiterin auf einer griechischen Insel wieder. Sie empfand eine tiefe Verbundenheit und Sympathie mit dem Land der Götter, die Heimat der Mythologie und dem gastfreundschaftlichen Volk.

In der Zwischensaison absolvierte sie Kurse in der Grafischer Gestaltung & Computer Programmierung. Nachdem ihr Verlangen ihrer Vorliebe für Kreativität Ausdruck zu verleihen immer intensiver wurde, ging sie in die 7 Millionen Stadt Athen. Wenig später fand sich Carmen nach dem Aussenden von über 250 Bewerbungen (*damals noch alle ausgedruckt und mit der Post verschickt*) in einer kleinen Werbegrafikfirma wieder, wo sie als Webdesignerin dem kreativen Schaffen nachging. Zudem agierte sie als Projektleiterin für Neukundengewinnung aus deutschsprachigen Raum.

Wissentlich, dass jedes Ende ein Neuanfang ist, hielt sie nach neuen Möglichkeiten Ausschau, nachdem sie das Land der Mythologie im Jahr 2002 verließ. Mit 33 Jahren blickte die Weltenbummlerin auf viel Lebens- & Berufserfahrung und spürte das Bedürfnis ihr Fachwissen in einem neuen Feld zu nutzen. Als ihr die Anstellung als Direktions-Assistentin im neueröffneten Casino St.Moritz angeboten wurde, zögerte sie nicht lange.

Mit unerschöpflichen Tatendrang betrat sie eine neue Welt voller Gegensätze! St. Moritz, das als *Top of the World* für Luxus und Glamour international bekannt ist, sowie die Welt der Spielbanken, die als neue Branche in der Schweiz noch Fuß fassen musste.

Die Autorin nutzte aktiv diese Zeit, indem sie Kurse, Fachhochschulen und eine Universität besuchte, wo sie im Jahr 2012 den Abschluss des Masters for Advanced Studies (MAS) berufsbegleitend absolvierte. Als Dissertation behandelte sie das Thema *„Kreativität, die Schlüsselressource der Gegenwart und Zukunft für Kleinunternehmen"*. Sie ließ sich als Coach ausbilden und dabei sollte ihr die Ausbildung zum Spirituellen Coach den perfekter Einstieg zum Business & Systemischer Coach dienen. Derweilen kletterte Carmen in der höchst gelegenen Spielbank Europas die Karriereleiter hoch, nachdem ihr nach einander die Positionen des Administration Manager, Human Resources und die Verantwortung des Marketing Manager anvertraut wurden.

In dieser Zeit entdeckt sie eine weitere ihrer Leidenschaft: Das Event-Management, wo sie ihrer Kreativität freien Lauf lässt. Zeitgleich gründete sie das Unternehmen *„Creativitá*, in welcher sie Kreativitätsmanagement in den Bereichen Living, Writing, Photos und Coaching einfließen lässt.

Für die Creative Managerin ist jeder Mensch kreativ. Der Unterschied liegt in dem Erkennen und dem individuellen Nutzen. Dazu meint sie: *„Wir alle tragen eine tiefe Kreativität in uns. Nur lässt nicht jeder dieser ihren Raum."*

Nachdem Carmen C. Haselwanter für 1 ½ Jahren die Funktion der Vizedirektorin einnahm, übernahm sie per Juli 2014 als Direktorin die Geschäftsleitung des Casino St.Moritz und wurde die zweite weibliche Direktorin der Casinos Austria International Gruppe. Seit 4 Jahren fungiert die Österreicherin in dieser Position und findet diese Tätigkeit jeden Tag aufs Neue spannend, da ihr der direkte Kontakt mit Menschen viel Spaß, Freude bereitet und Inspiration schenkt.

Ein elementarer Teil in dem Leben der Künstlerin ist die eigene Kreativität auszuleben. Dies tut sie, indem sie als Fotografin, Künstlerin (Holz dient dabei als bevorzugtes Material), Schriftstellerin und Bloggerin dieser Leidenschaft Ausdruck verleiht. Dass die Summe ihrer Erfahrungen in Büchern nun Zugang zu den Menschen findet, erfüllt sie mit Stolz! *„Ich bin enorm dankbar, dass mein Leben mit so viel Vielfalt, Möglichkeiten und Glück gefüllt ist. Es ist mir ein tiefes Bedürfnis, Menschen – gerade Frauen - mit meinen Worten und Erfahrungen Mut zu machen. Ich möchte ihnen aufzuzeigen, dass jeder Mensch nach den Sternen greifen kann. Entscheidend ist es, den Entschluss zu fassen und täglich mindestens einen Schritt in diese Richtung zu gehen!"*

Ganz nach Carmens Lebensmotto: *„Alles ist möglich, solange der Mensch seine eigenen Mauern überwindet!"*

Information

Du möchtest mehr von der Autorin Carmen C. Haselwanter erfahren? Besuche ihre Homepage und SocialMedienKanäle. Gerne kannst du auch eine Email schreiben. Siehe dazu folgende Kontaktdaten:

Email: info@creativita.cc
Instagram: www.instagram.com/carmencreativita/
Facebook: www.facebook.com/Kreativitaetsmanagement/
Homepage: www.carmenchaselwanter.com, www.creativita.cc

Weitere Werke

Von der Autorin Carmen C. Haselwanter, die u.a. als Coach, Fotografin, Projektleiterin, Creative Managerin, Künstlerin, Unternehmerin und als Geschäftsführerin aktiv ist, sind folgende Publikationen veröffentlicht:

Lust... auf Mr. Right?
ISBN: 978-3-907151-02-0

Lust... auf Erfolg? Vom Au-pair zur Casino Direktorin in St.Moritz
ISBN: 978-3-907151-03-7

Come, I'll show you how beautiful Engadin St.Moritz is...
Komm' ich zeige dir, wie schön Engadin & St. Moritz ist...
ISBN: 978-3-907151-00-6

Spende

Mit dem Kauf dieses Buches hast nicht du dir selbst etwas Gutes getan oder jemanden anderen eine Freude damit bereitet, sondern auch gleichzeitig gespendet. Genau! Wie das?

10% des Einkaufspreises gehen an karitative Einrichtungen! Die Autorin Carmen C. Haselwanter spendet seit Jahren an karitative Institutionen wie *Ärzte ohne Grenzen*, *WWF*, *Greenpeace* sowie an zahlreiche kleinere Organisationen. Ebenso unterstützt Carmen C. Haselwanter Mädchen mit einer Patenschaft in Ländern wie Bali, Tibet/Indien etc.

DANKE!

*Lebe jeden Tag so, als ob du dein ganzes Leben lang
nur für diesen einen Tag gelebt hättest...*